ÉTUDE

de la

NOBLESSE D'EMPIRE

CRÉÉE PAR NAPOLÉON Ier

THÈSE DE DOCTORAT EN DROIT

(Sciences Juridiques)

SOUTENUE DEVANT LA FACULTÉ DE DROIT DE PARIS

Le 9 Mars 1910, à trois heures

Par Mᵉ Edmond PIERSON

Notaire à ORLÉANS

PRÉSIDENT DU JURY :

M. CHARLES LEFEBVRE
Professeur de Droit Civil à la Faculté de Droit de Paris

ASSESSEURS :

M. ESMEIN
ET M. CHÉNON
Professeurs à la Faculté de Droit de Paris

ÉTUDE

de la

NOBLESSE D'EMPIRE

CRÉÉE PAR NAPOLÉON Ier

THÈSE DE DOCTORAT EN DROIT

(Sciences Juridiques)

SOUTENUE DEVANT LA FACULTÉ DE DROIT DE PARIS

Le 9 Mars 1910, à trois heures

Par Me Edmond PIERSON

Notaire à ORLÉANS

PRÉSIDENT DU JURY :

M. CHARLES LEFEBVRE

Professeur de Droit Civil à la Faculté de Droit de Paris

ASSESSEURS :

M. ESMEIN

ET M. CHÉNON

Professeurs à la Faculté de Droit de Paris

PRÉFACE

... « Les Hommes naissent et demeurent libres et égaux en droit. Les distinctions sociales ne peuvent être fondées que sur l'utilité commune. »

(Déclaration des Droits de l'Homme, article premier.)

Napoléon seul, auréolé de la gloire d'Austerlitz et d'Iéna, pouvait oser, le lendemain de la Révolution et de l'abolition de la Noblesse, quatre ans après le Code, rétablir une noblesse héréditaire avec ses titres, ses armoiries, ses livrées, ses préséances, et toute une série de dérogations aux lois civiles.

L'ancienne noblesse s'était rendue si odieuse, que c'est avec une sorte de frénésie que la période révolutionnaire en avait suivi avec acharnement la disparition.

Au début, cependant, c'est dans un bel enthousiasme que l'abolition de la noblesse royale est décrétée et c'est sur la proposition même d'un noble que dans la nuit du 4 Août 1789, les droits féodaux sont définitivement détruits. Ainsi disparaissent tous les droits de seigneurs suzerains, de vassal et d'arrière-vassal, et les obligations qui en découlent, les hommages, les aveux et dénombrements, et toutes les procédures spéciales créées pour servir de sanction à ces droits surannés. Le domaine retenu par le seigneur suzerain, celui hommagé par le seigneur vassal, en vertu du droit d'inféodation, les tenures nobles et les censives ou tenures roturières se trouvent converties er un droit de propriété telle que nous la concevons maintenant. La dîme, le servage qui existaient encore et dont on voit des exemples surtout dans les abbayes, la mainmorte, tout cela est aboli.

Puis, moins d'un an après, tous les titres conservés par leurs anciens détenteurs sont proscrits. L'Assemblée Nationale, le 17 juin 1790, interdit toutes les qualifications nobiliaires : les titres de Monseigneur, d'Eminence, de Grandeur, d'Excellence, d'Altesse, ceux de Prince, de Duc, de Comte, de Vicomte, de Vidame, de Chevalier, d'Écuyer, de Messire, de Noble homme. Les armoiries, les livrées suivent le même sort.

Les substitutions perpétuelles et temporaires, le droit d'aînesse, les majorats inconnus de la majeure partie de la France, mais qui avaient subsisté dans les provinces conquises, soumises auparavant à la domination espagnole (la Flandre, l'Artois et la Franche-Comté), tout fut supprimé.

Le désir d'une égalité parfaite fait supprimer par un décret du 30 juillet 1791, et par un autre décret du 19 septembre suivant, l'Ordre de Malte; la même année, le 15 octobre, l'Ordre militaire de Saint-Louis subit le même sort.

Et c'est alors qu'interviennent les dispositions législatives qui ajoutent à la rigueur des décisions précédentes; les décrets se multiplient. Le 16 mai 1792, l'Assemblée décide que tous les titres, papiers et documents déposés dans les Archives publiques seront incinérés.

Le 24 juin suivant, nouveau décret qui décide qu'il en sera de même dans toutes les archives de la France.

On sait que ces décrets furent exécutés. Bien des titres et des pièces, précieux au point de vue archéologique ou pour l'histoire, disparurent à jamais.

Les peintures de l'époque qui représentent des bûchers

où brûlent les titres, les brevets, les contrats d'inféodation et d'accensement ne sont pas une pure allégorie. Ces autodafés ont existé dans les premiers moments de la foi nouvelle d'égalité.

Malheur à ceux qui d'eux mêmes ne venaient pas livrer à la municipalité de leur domicile leurs brevets, leurs titres, leurs croix ; ainsi on raconte que le frère de Dupetit-Thouars fut emprisonné pour n'avoir pas spontanément remis, pour être détruits, sa croix et son brevet de chevalier de Saint-Louis.

Les divers gouvernements qui se succèdent : Convention, Directoire. suivent l'impulsion première. Ils pourchasseront ceux qu'ils supposent vouloir conserver les institutions anciennes.

Ces mesures rigoureuses aboutissent en 1797 à cette conséquence inique, qui consiste à rejeter du nombre des Français les ci-devant nobles :

Il faut citer cette disposition législative, pour connaître combien l'état des esprits était profondément hostile aux nobles :

... « Les ci-devant nobles et anoblis, c'est-à-dire tous ceux qui avaient reçu la noblesse de leurs pères, ou qui l'avaient acquise transmissible héréditairement à leurs enfants, ne pourront exercer leurs droits de citoyens français dans les assemblées primaires, communales et électorales, ni être nommés à aucune fonction publique, qu'après avoir rempli les conditions et les délais prescrits à l'égard des étrangers, par l'article 10 de la Constitution... »

Il en fut ainsi jusqu'en 1799.

Les distinctions honorifiques et la noblesse devaient être bientôt rétablies en France.

Napoléon s'était aperçu que l'amour des distinctions

honorifiques, fondées sur autre chose que le pur mérite
personnel, était tellement ancré dans l'esprit des Français
par dix-huit cents ans de monarchie, qu'il lui paraissait
nécessaire de rétablir ces distinctions. C'était un moyen de
gouvernement des plus puissants.

C'est ce que nous allons étudier, et montrer comment
l'Empereur a rétabli ce qui avait été détruit, et comment
il y parvint avec l'assentiment de tous.

Cependant cette nouvelle noblesse ne rétablit aucun des
droits féodaux, définitivement abolis de l'ancienne. Si,
aux titres créés, il fut joint pour les nouveaux dignitaires,
des avantages pécuniaires et des majorats, le don de ces
avantages mobiliers et immobiliers n'eut pour but que de
permettre aux nouveaux nobles de conserver un rang en
rapport avec leurs dignités nouvelles.

Pour déterminer tout le contraste entre l'ancienne
noblesse et celle de l'Empire, il importe de voir comment
s'était établie la noblesse antérieure à Napoléon.

Il y avait eu avant la Révolution des anoblissements
moyennant finance. Des familles roturières avaient acquis
un fief noble (bien que pendant longtemps ce fut interdit
par l'ordonnance de Blois), profitaient ainsi des avantages
de la noblesse, ajoutaient le nom de leur terre à leur nom
de famille. Elles créèrent ainsi par la suite une lignée de
nobles, bien difficile à discerner de ceux qui l'étaient véritablement. Il y eut autrefois des nobles par possession
d'état ancienne, j'oserai dire par prescription. Il y eut et
il y a encore des nobles dont la noblesse résulte d'un bref
pontifical. Je mentionne pour ordre les barons financiers
que le XIXᵉ siècle a vu éclore en France Les moins
contestables tiennent leur titre de quelque principicule
allemand.

Loyseau, en son *Traité des Seigneuries*, avait énuméré

les causes de noblesse : la naissance, la possession d'une seigneurie, les fonctions.

Depuis, les Français ont singulièrement étendu le nombre des causes de leur noblesse.

La Bruyère avait dit : « Qu'il n'y a pas au monde un si pénible métier que celui de se faire un nom, et que la vie s'achève qu'on a à peine ébauché son ouvrage... »

La Bruyère parlait pour son époque. Bien des roturiers avaient acheté, avant la Révolution des terres et des charges vénales pour acquérir ainsi, à beaux deniers comptant, la noblesse.

On peut relever plus de six mille charges de secrétaires du Roi, acquises (comme celles de judicature) et qui conféraient la noblesse souvent de suite, quelquefois au bout d'un temps très court, sans donner d'occupation bien définitive d'ailleurs à leur acquéreur.

Voltaire lui-même, qui accablait de sarcasmes, tout ce qui ne relevait pas de la raison, Voltaire, philosophe de l'Encyclopédie, par l'acquisition de la terre de Ferney, se réveilla un jour comte de Ferney, avec tous les droits attachés à la noblesse. Et pour faire encore plus illusion, il se créa des armoiries : « d'azur à trois flammes d'or »...

L'édit de 1750 conférait la noblesse aux chevaliers de Saint-Louis, comme plus tard l'Empereur la donna aux premiers titulaires de la Légion d'honneur. Cette disposition était encore raisonnable.

Un auteur qui écrivait il y a quarante ans, prétend que : « L'Anjou, cette noble terre qui a donné des rois à l'Angleterre, à la Provence, à la Sicile, compte à peine aujourd'hui dix familles ayant une importance véritablement historique... »

Chérin, généalogiste du règne de Louis XVI, affirmait que, déjà de son temps, les quatre cinquièmes de la noblesse étaient le résultat d'usurpations. Après la Révolution, après l'émigration, après la Terreur, que reste-t-il du dernier cinquième, et quelle créance doit-on donner à la noblesse actuelle autre que celle de l'Empire?

Sous Louis XVI, un maître des Comptes à la Cour des Aides, François Godet de Soudé, composa un recueil des Lettres de noblesse depuis leur origine, recueil tiré des registres de la Cour des Comptes et de la Cour des Aides. Le travail auquel il se livra souleva bien des colères. Il avait toute l'authenticité désirable. La Cour des Aides avait besoin de connaître d'une façon certaine ceux qui, à raison de leur noblesse, avaient droit à des exemptions fiscales.

Ce travail est des plus curieux. L'ouvrage, publié à la veille même de la Révolution, un an avant 1789, contient tous les anoblissements certains. Ces anoblissements sont relativement peu nombreux.

La noblesse créée par Napoléon I⁰ʳ eut un caractère tout différent. Ces titres furent donnés en récompense de services rendus à l'Etat, soit dans la vie civile, soit à l'armée; à ceux qui, à un titre quelconque, si minime qu'il fut, ajoutèrent une parcelle de gloire à la gloire française.

On peut comparer les distinctions nobiliaires conférées par l'Empereur à celles de Rome, qui ne donnaient que des préséances, et étaient simplement honorifiques. On trouve dans les constitutions du Bas-Empire de fréquentes mentions de personnes Clarissimi, ou Illustres, que Justinien oppose à *l'abjecta turba*. Des Novelles règlent les mariages des Clarissimi et des Illustres. Avant Justinien, ces personnages ne peuvent plaider par eux-mêmes, et doivent être représentés; comme si leur présence aux audiences pouvait compromettre leur prestige, et comme si l'on avait craint qu'ils ne fussent éclaboussés en public par les allégations d'un adversaire. Ce prince leur interdit de prêter à un taux élevé, alors que les commerçants et d'autres encore pouvaient prêter à des taux qui nous paraissent usuraires. Tout dans leur vie devait respirer la dignité, le respect de soi-même et amener le respect des autres.

Napoléon établit des prescriptions analogues pour les Princes et Ducs de son empire.

Une loi, contenue au Code, créa les Patrices, titre aussi purement honorifique. Le Patrice porte le titre de père de prince. Il échappe à la puissance paternelle, car dit Justinien ... « il ne serait pas admissible que le père du prince fut lui-même *in patria potestate*. »

Les titres d'Illustres et de Clarissimi avaient existé sous Auguste, qui les attribuait aux sénateurs. Les enfants des Illustres et des Clarissimis sont pourvus d'un tuteur spécial. C'est le préfet de la ville, dit Tryphonius, assisté de dix sénateurs et du préteur urbain qui nomme le tuteur, au lieu des consuls sous l'Empire, du préteur urbain et des tribuns du peuple auparavant. Plus tard, depuis Marc-Aurèle, c'est au préfet de la ville et au préteur des tutelles qu'incombe ce soin.

Sous Auguste, pour entretenir l'éclat des nobles romains, des sommes considérables leur avaient été remises par ce prince. Napoléon Ier, par une pensée presque semblable, combla de dons ses nouveaux nobles, puis régularisant ensuite sa générosité, institua les majorats.

Lors des premières races, l'on trouve, gravitant autour de la royauté, les ducs (dux), conducteurs d'armée, les comtes (comes), compagnons de guerre et de plaisirs du roi, les vicomtes, qui remplaçaient le comte. Les bénéfices qui leur sont conférés sont purement viagers. Ce sont des

fonctions. Puis vient la nuit du moyen âge, la consécration
de l'usurpation des fonctionnaires, qui convertissent leurs
fonctions viagères et révocables en droits patrimoniaux
et héréditaires.

L'indivisibilité du fief, créée pour des motifs purement
militaires, maintient pendant longtemps l'éclat de cette
noblesse et sa fortune Après que le rôle politique de la
noblesse fut terminé, le droit d'aînesse remplace l'indivisibilité du fief, et maintient quelque temps encore l'éclat
des familles nobles, qui n'existent plus que dans une
pensée uniquement monarchique.

La noblesse du premier Empire eut au début un caractère tout spécial. Elle se fondit ensuite peu à peu avec
l'ancienne, rétablie à la Restauration. Reniement inexplicable et bien contraire à toute réalité: les nobles de
Napoléon Ier parurent avoir une hésitation à avouer
l'origine de leur noblesse. Ils adoptèrent divers insignes,
divers titres inconnus de l'Empire, ils supprimèrent certaines différences ; comme si, au contraire, ce n'était pas
la leur qui avait la plus noble et la plus certaine origine,
et comme si, comme l'a dit l'un d'eux : « La poudre de la
bataille n'avait pas donné à cette noblesse, tout d'un coup,
l'antiquité, mieux que ne pouvait le faire la poussière du
temps... »

A la Restauration, le plus célèbre reniement du titre
impérial est celui du général Cambronne. Le général
baron Cambronne fut affublé par Louis XVIII du titre de
vicomte. qui n'ajouta rien à la notoriété du brave de
Waterloo.

Et quant aux ancêtres qui paraissaient manquer à la
noblesse impériale, c'est le cas de rappeler la réponse du
maréchal Lefebvre, duc de Dantzig, à quelque gentillâtre
revenant de l'armée de Condé, qui lui faisait entendre

qu'il n'avait pas d'ancêtres : « Des ancêtres, pourquoi faire, disait le maréchal, je suis un ancêtre. »

Le bel élan d'égalité de 1789 dura donc très peu. La constitution de 1799 (dix ans après la nuit du 4 août) rétablissait en principe les distinctions. Elle décide que les guerriers qui auront combattu avec éclat pour la défense du pays et de la République recevront des récompenses nationales. Le 19 mai 1802 est créée la Légion d'honneur composée des soldats qui avaient reçu des armes d'honneur; puis les Sénatoreries (4 décembre 1802) avec leurs dotations.

Le 18 mai 1804 la monarchie était rétablie et la même année, la Légion d'honneur organisée avec sa hiérarchie de grands-aigles, grands-officiers, commandeurs, officiers et chevaliers (14 juillet 1804).

La Légion d'honneur était donc une noblesse personnelle et viagère. Elle est encore une noblesse personnelle, quand elle est conférée pour récompenser des mérites et quand elle n'est pas le résultat de quelque combinaison politique.

C'est le décret du 14 juillet 1804 qui arrêta la forme des insignes ; auparavant les légionnaires n'en avaient aucun.

Les légionnaires étaient divisés en 16 cohortes. Chacune comprenait 7 grands-officiers, 20 commandants, 30 officiers et 350 légionnaires.

Le décret du 9 janvier 1805 créa les grands-aigles, fixés à 60 au maximum.

La Légion d'honneur subsista pendant tout l'Empire telle que l'Empereur l'avait établie. Le territoire de l'Empire est divisé en 16 cohortes. A la tête de chacune d'elles, au 1er janvier 1814, sont: Le maréchal Berthier, prince de Neufchâtel ; le maréchal Mortier, duc de Trévise ;

le maréchal Soult, duc de Dalmatie ; le maréchal Lefebvre, duc de Dantzick ; le maréchal Davoust, prince d'Eckmül, duc d'Auerstaëdt : le maréchal Ney, prince de la Moscowa, duc d'Elchingen ; le ministre de la marine, l'amiral duc Décrès ; le maréchal Moncey, duc de Conegliano ; le maréchal Masséna, prince d'Essling, duc de Rivoli ; le maréchal Augereau, duc de Castiglione.

Chaque cohorte a un chancelier et un trésorier, pris parmi les membres de la Légion.

La Restauration n'osa pas supprimer la Légion d'honneur. Tant de braves avaient si souvent risqué leur vie pour leur « Etoile » que l'on n'osa pas en arriver à cette suppression. Mais il fut apporté quelques modifications et diverses appellations furent changées. L'effigie impériale fut remplacée par celle de Henri IV. Louis XVIII n'osa pas faire figurer la sienne à la place de celle de l'Empereur. Le contraste eût été trop grand. Les grands-aigles furent appelés grands-cordons ou grands-croix et les commandants furent appelés commandeurs.

Dès le début de cette étude, on peut résumer les principes directeurs suivis par l'Empereur, principes qui font apparaître la prééminence de la noblesse d'Empire sur toute autre.

La noblesse impériale n'est conférée que pour services éminents, civils ou militaires, rendus à l'Etat.

Elle ne confère aucun droit assimilable aux droits féodaux. Les nobles de l'Empire sont assujettis à toutes les lois qui régissent les autres citoyens. Ils ne bénéficient d'aucune exonération d'impôts.

On peut ajouter qu'elle crée pour ces nobles et leurs familles des devoirs plus grands, des obligations plus nombreuses et plus rigoureuses que celles qui incombent aux autres citoyens.

Cette noblesse n'existe qu'autant qu'elle est rehaussée de ressources pécuniaires obtenues par l'institution des majorats, et cette obligation d'opulence est une sorte de service envers l'Etat.

L'Empereur était profondément irrité de la sourde opposition qui lui était faite par l'ancienne noblesse, qui avait perdu ses titres, mais avait conservé ses biens et la prépondérance qui pouvait en résulter.

Dans un moment d'irritation, il disait à ses intimes : « D'un palefrenier, je ferai un duc... »

L'opposition qui lui était faite était inexplicable, puisque la monarchie était rétablie.

Bien peu d'anciens nobles acceptèrent de servir le nouvel Empire. En 1814, quelques mois avant l'abdication de Napoléon Ier, on ne trouve que quelques noms anciens parmi les fonctionnaires impériaux. Napoléon, qui aimait à rappeler qu'il était le neveu de Louis XVI, et qui avait rêvé de fondre l'ancienne et la nouvelle noblesse, avait donc échoué dans son projet.

Le 1er janvier 1814, nous voyons seulement un Mercy d'Argenteau, un Montesquiou-Fézensac, un d'Aubusson de la Feuillade, un Talleyrand, un Galard de Béarn, un de Mun, un Praslin, un Contades, un Nicolaï, un Miramon, un Louvois, un Rambuteau, un d'Alsace, un Turenne, un Brancas, un Goutault, un Saint-Aulaire, un Grammont, un Montalembert, un Lur-Saluces, un d'Haussonville, un Montmorency, qui sont ses chambellans.

Un Rohan est aumônier de l'Impératrice.

Un Chabrillan, un Mortemart, un Lauriston, sont écuyers de l'Empereur.

Un Bougainville, un Dreux-Brézé, sont page ou lieutenant de vénerie.

A la même époque, une Mortemart, une Montmorency,

une Bouillé, une Montalembert, une Beauvais, une Noailles, sont dames du palais.

Une Remusat, une Viell-Castel, une Lastic font partie la maison de l'impératrice Joséphine, qui a pour écuyer un Chaumont-Quitry.

Madame, mère de l'Empereur, compte dans sa maison une Fontanges comme dame d'honneur, une Rochefort; un Quelen est son écuyer.

Ils s'en vengèrent après l'Empire. Ils firent tout pour oublier ces situations. Quelques-uns le firent dans des conditions dont le souvenir est resté. L'un d'eux, membre de la Légion d'honneur, se promenait à Paris avec sa croix attachée à la queue de son cheval.

Le lion abattu pouvait recevoir de ces coups.

CHAPITRE PREMIER

LES TITRES

En haut de la hiérarchie nobiliaire de l'Empire se plaçaient les princes impériaux, puis les grands dignitaires, ensuite les autres membres de la Noblesse d'Empire.

Le sénatus-consulte du 15 brumaire, an XIII (18 mai 1804) avait établi la dignité impériale en la personne de Napoléon, dans sa descendance et dans la descendance de ses frères Joseph et Louis.

Les membres de la famille impériale reçurent le titre de prince.

Par un message au Sénat conservateur, suivi d'un décret du 30 mars 1806, Napoléon établit les statuts des princes de sa famille. Il régla les devoirs ... « des individus de tout sexe, dit-il, membres de la maison impériale envers lui... »

Il ajoute :

« ... L'état des princes appelés à régner sur ce vaste empire et à le fortifier par des alliances, ne saurait être absolument le même que celui des autres Français ... »

C'est l'archi-chancelier qui remplit les fonctions attribuées par le Code aux officiers de l'état civil. Il reçoit également le testament de l'Empereur et les dispositions qui fixent les droits de survie de l'Impératrice.

Les considérations qui accompagnent ce message, leur ton qui rappelle la phraséologie de la période révolutionnaire, sont dignes d'être rapportées :

... « Après avoir, dit l'Empereur, réglé l'état des princes et des princesses de notre rang, notre sollicitude devait se porter sur l'éducation de leurs enfants. Rien de plus important que d'écarter d'eux, de bonne heure, les flatteurs qui tenteraient de les corrompre ; les ambitieux qui, par des complaisances coupables, pourraient capter leur confiance et préparer à la Nation des souverains faibles, sous le nom desquels ils se promettraient un jour de régner. Le choix des personnes chargées de l'éducation des enfants des princes et princesses de la Maison Impériale doit donc être réservé à l'Empereur ... »

... « Nous avons ensuite considéré les princes et les princesses dans les actions communes de la vie. Trop souvent la conduite des princes a troublé le repos des peuples et produit des déchirements dans l'Etat. Nous devons armer les Empereurs, qui régneront après nous, de tout le pouvoir nécessaire pour prévenir ces malheurs dans leurs causes éloignées, pour les arrêter dans leurs progrès, pour les étouffer lorsqu'ils éclatent. »

« ... Nous avons pensé que les princes de l'Empire, titulaires des grandes dignités, étant appelés par leurs éminentes prérogatives à servir d'exemple au reste de nos sujets, leur conduite devait, à plusieurs égards, être l'objet de notre particulière sollicitude. »

... « Tant de précautions seraient sans doute inutiles, si les souverains qui sont destinés à s'asseoir sur le trône impérial, avaient, comme Nous, l'avantage de ne voir autour d'eux que des parents dévoués à leur service et au bonheur des peuples ; que des Grands, distingués par un attachement inviolable à leur personne ; mais notre prévoyance doit se porter sur d'autres temps, et notre amour pour la Patrie nous presse d'assurer, s'il se peut, aux Français, pour une longue suite de siècles, l'état de gloire et de prospérité où, avec l'aide de Dieu, nous sommes parvenus à les placer … »

Le décret renferme différentes dispositions qui étaient en contradiction avec le Code. Il stipule que l'Empereur est toujours le tuteur des princes de sa famille, lors même que ceux-ci auraient encore leur père, comme le *pater-familias* romain possédait la *patria potestas* sur tous les descendants restés dans sa famille civile.

Sont princes impériaux et font partie de la famille de l'Empereur, ses descendants, ses héritiers éventuels (ses frères Joseph et Louis) et leurs descendants, les enfants adoptifs de l'Empereur, leur descendance à l'infini, en résumé tous ses agnats, et parmi ses cognats, les sœurs de l'Empereur, leurs maris, leurs descendants, mais seulement jusqu'au cinquième degré inclusivement. Au delà de ce degré, les neveux et cousins de l'Empereur ne font plus partie de la famille impériale.

Aucun d'eux ne peut se marier sans l'autorisation du chef de famille, et la nullité résultant de cette prescription est de plein droit … « sans qu'il soit besoin de jugement … »

Cette disposition s'appliqua au premier mariage de son frère Jérôme, roi de Westphalie, et la descendance issue de ce mariage ne fit jamais partie de la famille impériale. L'Empereur prit d'ailleurs soin de le proclamer par un décret, qui rappelle des dispositions du Code Civil, et le décret du 30 mars 1806, et fait défense à tous les officiers de l'état civil de l'Empire de transcrire l'acte de mariage.

Les enfants nés de pareilles unions sont illégitimes. L'Empereur prohibe pour ses parents les mariages morganatiques, qu'il appelle mariages de la main gauche. Il se réserve d'approuver ou de rejeter les conventions matrimoniales et même peut les établir en dehors des règles du Code.

Chose qui doit être rappelée, le divorce qui existait en France, et dont Napoléon lui-même devait faire usage, est prohibé à sa parenté. Seule, la séparation de corps est admise, sans forme, sans jugement, sur la seule décision de l'Empereur, et elle laisse subsister entièrement les conventions matrimoniales. Elle n'entraîne pas la séparation de biens.

Les princes impériaux ne peuvent ni adopter, ni reconnaître leurs enfants naturels, si l'Empereur s'y oppose. C'est un conseil de famille et non un tribunal qui prononce leur interdiction, et l'Empereur statue en dernier ressort.

Toute une série de prohibitions, de prescriptions en contradiction avec les lois civiles, pourtant toutes récentes, sont ainsi établies. L'officier de l'état civil pour les membres de la famille impériale est l'archi-chancelier de l'Empire, qui a aussi des pouvoirs dévolus par la loi du 25 ventôse an XI aux notaires, et des pouvoirs qui n'appartiennent habituellement qu'aux juges de paix. Des pénalités sont établies et peuvent être prononcées par l'Empereur. Ce sont les arrêts, l'éloignement de la personne du Maître, l'exil.

Les princes ne sont pas justiciables des tribunaux ordinaires, mais dans certains cas, et en vertu des constitutions du 28 floréal an XII, de la Haute-Cour, et, dans d'autres, d'un conseil institué auprès de l'Empereur. Ce conseil, présidé par lui, comprend un prince de la famille de l'Empereur, un grand dignitaire de l'Empire, le doyen des maréchaux de France, le chancelier du Sénat, le premier président de la Cour de Cassation. Le grand Juge y remplit les fonctions de ministère public, et le secrétaire de l'état de la Maison Impériale y remplit le rôle de greffier.

Le conseil juge en dehors de toutes formes de procédure et doit statuer dans le mois. Les décisions ne sont pas susceptibles de pourvoi en cassation.

Un titre spécial de ce statut, le titre VI, décide qu'il est applicable dans certaines parties à divers membres de la nouvelle noblesse, soit aux grands dignitaires et aux ducs.

Et il faut rapporter la partie qui s'applique aux princes et aux ducs et qui est comprise sous l'article 31 de ces statuts.

Article 31. — Si un membre de la Maison Impériale vient à se livrer à des déportements et oublier sa dignité et ses devoirs, l'Empereur pourra infliger, pour un temps déterminé et qui n'excédera pas une année, les peines suivantes, savoir : les arrêts, l'éloignement de sa personne, l'exil …

Ainsi les princes et les ducs sont soumis, en dehors des lois applicables à tous les Français, à des peines disciplinaires pour des motifs qui pour tous autres n'emporteraient aucune peine. L'Empereur veut que les princes et les ducs de son Empire conservent toujours une dignité, un respect de soi-même, qui les placent au premier rang dans la cité, en dehors de leur titre nobiliaire.

Pour bien marquer la vassalité des rois et des princes de la famille de l'Empereur, lors même qu'ils seraient souverains dans d'autres pays, Napoléon, par un décret rendu le 22 juin 1811, décide que les princes seront traités dans l'étendue de l'Empire comme simples princes français.

Ils devront porter, lorsqu'ils seront en France, la cocarde française et le costume de prince français, sans pouvoir porter aucun autre costume étranger.

Ils n'auront que les honneurs civils et militaires déterminés pour eux par la loi française.

La famille impériale ainsi établie, l'Empereur ayant manifesté son intention de créer des grands dignitaires, des princes et des ducs, avant même qu'une disposition légale ne les ait créés, toute une série de décrets se succèdent et tendent au but que Napoléon Ier se proposait.

CHAPITRE II

ÉRECTION DES GRANDS FIEFS

C'est dans un décret du même jour que celui relatif à sa famille, soit du 30 mars 1806, que les premiers grands fiefs, les premiers royaumes vassaux, sont établis. On était au lendemain du traité de Presbourg (25 décembre 1805), résultat de la victoire d'Austerlitz (2 décembre 1805), traité qui mettait de nombreux territoires à la disposition de l'Empereur et lui permettait de joindre la totalité des Etats Vénitiens à son jeune royaume d'Italie, comme aussi des biens nombreux à la disposition du domaine extraordinaire.

Sous l'article 3 du statut, l'Empereur déclare, avec la plus grande netteté, le rétablissement des fiefs, mais il les rétablit à l'étranger, où ils ont toujours existé, et il ne bat pas en brèche ouvertement les résultats de la Révolution qui les avait abolis.

« ... Nous avons érigé et érigeons en duchés, grands fiefs de notre empire, les provinces ci-après désignées : 1° la Dalmatie; 2° l'Istrie; 3° le Frioul; 4° Cadore; 5° Bellune; 6° Conegliano; 7° Trévise; 8° Feltri (ou Feltre); 9° Bassano; 10° Vicence; 11° Padoue; 12° Rovigo. »

L'investiture de ces fiefs n'était pas donnée de suite, elle le fut plus tard, sauf toutefois pour le royaume de Naples et de Sicile, les duchés de Clèves et de Berg, la principauté de Guastalla et celles de Neufchâtel et Vallengin, en Suisse, qui furent concédés pendant ce même mois de mars 1806.

L'Empereur par le décret du 30 mars entendait que ces fiefs fussent transmis héréditairement, par ordre de primogéniture, aux descendants mâles, légitimes et naturels de ceux en faveur de qui il en disposerait ; on remarque dès maintenant qu'il excluait les enfants adoptifs, alors que plus tard, lors de la concession des majorats *proprio motu*, il admettait que le droit de retour à l'Etat serait arrêté par une descendance masculine purement adoptive. Il ne voulait pas que pour les grands fiefs une adoption put placer dans une famille quelconque, étrangère peut-être, un fief ou un royaume d'une grande importance.

Il déclare dès alors qu'en cas d'extinction de la descendance de ceux qui en seraient investis, ces fiefs seraient reversibles à la couronne, pour en être disposé par l'Empereur ou ses successeurs.

On s'est demandé quels droits pouvaient avoir les grands feudataires investis d'un tel fief. Ces droits étaient de pures préséances ; mais cependant les rois vassaux de Naples, les princes de Lucques et Guastalla, le prince de Neufchatel furent de véritables souverains.

En ce qui concerne les ressources des grands feudataires, l'Empereur décide que le quinzième du revenu que son royaume d'Italie retirera des provinces inféodées sera attaché aux fiefs. Il se réserve en outre pour le même motif et dans le même but 30 millions sur les domaines nationaux de son royaume d'Italie, situés dans ces provinces.

Il statue que des inscriptions seront créées sur le mont Napoléon ou mont de Milan, à concurrence de 1 million 200.000 francs de rentes annuelles, monnaie de France, en faveur des généraux, officiers et soldats de son armée, pour être possédés par ceux de ces généraux, officiers et soldats qui seront désignés. Mais il leur impose dès à présent et avant la concession cette condition de ne pouvoir avant l'expiration de dix années vendre ou aliéner ces rentes sans son autorisation.

Il ne créait pas encore une obligation de remploi, idée qui se fera jour quelques années après ; mais il craignait que ses feudataires ne se ruinassent et il entendait que leurs ressources destinées à soutenir leur rang subsistassent intégrales.

Enfin, il décide que l'héritier du royaume d'Italie portera le titre de prince de Venise. On sait que ce titre fut porté par le fils adoptif de Napoléon, Eugène de Beauharnais, vice-roi d'Italie, désigné par l'Empereur à lui succéder dans ce royaume.

La première création, en date, d'un royaume vassal fut celle du royaume de Naples et de Sicile, ... « tombé en notre pouvoir par droit de conquête et faisant partie d'ailleurs du Grand Empire. »

Le décret du 30 mars 1806 en investit le frère de l'Empereur, Joseph-Napoléon, Grand Electeur de France, qui devait quelques années plus tard être transféré par l'Empereur au royaume d'Espagne et remplacé par le prince Joachim Murat, beau-frère de Napoléon.

Ainsi l'Empereur en usait avec les rois comme avec des préfets et les imposait à ses peuples.

Il décide que la couronne de Naples sera héréditaire, par ordre de primogéniture, en ligne directe, légitime et naturelle. Et en cas d'extinction de la descendance du roi Joseph, il décide que son autre frère Louis, ses enfants et descendants, recueilleront la couronne.

Mais il se réserve le droit personnel, si son frère Joseph

venait à mourir de son vivant, sans laisser d'enfants mâles, légitimes et naturels, de désigner pour succéder à ladite couronne, un prince de sa maison, ou même d'y appeler un enfant adoptif.

« ... Selon, ajoute-t-il, que nous le jugerons convenable pour l'intérêt de nos peuples et pour l'avantage du grand système que la Providence nous a destiné à fonder... »

Par la même décision l'Empereur réserve dans le royaume de Naples et de Sicile six autres grands fiefs de l'Empire, avec le titre de duchés et les mêmes avantages et prérogatives que ceux qui sont institués dans les provinces vénitiennes, réunies à la couronne d'Italie. Il pourra seul disposer de ces fiefs, dont les détails de formation sont remis aux soins du roi Joseph. Ces fiefs. avec ceux du royaume d'Italie, forment à ce moment un total de 18.

Ce seront notamment ceux de Tarente, de Ponte-Corvo, de Gaëte et d'Otrante.

Comme lors de la constitution du royaume d'Italie, l'Empereur se réserve sur le royaume de Naples la disposition d'un million de rentes pour être distribuées aux généraux, officiers et soldats de son armée et, comme dans le royaume d'Italie, il interdit aux donataires à venir la disposition de ces dons avant dix ans sans son autorisation.

Et pour bien marquer la vassalité du jeune royaume, l'Empereur déclare que le Roi sera à perpétuité Grand Electeur de France, se réservant également de créer la dignité de Prince Vice-Grand Electeur; et que ce roi conservera son titre de prince français et ses droits à succéder à l'Empire.

Le 15 mars 1806, l'Empereur, par son décret, investit son beau-frère, le prince Joachim, des grands duchés de Clèves et de Berg, provenant des roi de Prusse et de l'Electeur de Bavière.

Il transfère ces duchés avec tous les droits, titres et prérogatives, dont jouissaient les rois de Prusse et de Bavière, c'est-à-dire avec tous les droits féodaux et autres, dont un soldat de la République devait être fort étonné d'être investi.

La dévolution des duchés de Clèves et de Berg est ainsi constituée : à défaut de descendance masculine, les duchés font retour à l'Empereur et à sa descendance : à défaut de celle-ci, à la descendance de Joseph et à défaut de descendance du roi Joseph à celle de Louis.

Le prince héritier portera le titre de duc de Clèves.

La dignité de Grand Amiral de France est attachée pour toujours à la descendance du duc de Clèves et de Berg, indépendamment de celle de Prince Vice-Grand Amiral que l'Empereur pourra créer.

Le décret se termine par des considérations qui méritent d'être relatées :

« ... Ayant été, dit l'Empereur, principalement déterminé dans le choix que nous avons fait du prince Joachim, notre beau-frère, par la connaissance parfaite que nous avons de ses qualités éminentes et la certitude des avantages qui doivent en résulter pour les habitants des duchés de Berg et de Clèves, nous avons la ferme espérance que, continuant de mériter, par leur fidélité et leur dévouement, la réputation qu'ils se sont acquise sous leurs anciens princes, ils se montreront dignes de toute l'affection de leur nouveau souverain, et par là, de notre bienveillance et protections impériales... »

Le même jour, il nomme sa sœur, Pauline Borghèse, princesse et duchesse de Guastalla. Il confère à son beau-frère, mari de la princesse Pauline, le titre de prince et de duc de Guastalla. Il décide que la principauté sera transmise héréditairement à la postérité masculine de sa sœur.

Toutefois, le prince Borghèse, pendant sa vie, s'il survivait à sa femme, morte sans héritier mâle, devait jouir personnellement de la principauté.

A défaut de descendance mâle, la principauté faisait retour à l'Empire et l'Empereur se réservait d'en disposer à son gré.

Le décret du 30 mars 1806 crée le dix-neuvième grand fief de l'Empire, celui de Massa et de Carrara, dont devait être investi plus tard Regnier, grand juge de l'Empire. L'Empereur décide que le quinzième du revenu que le prince de Lucques retirera du pays de Massa et de Carrara sera attaché audit fief. Il se réserve encore, comme précédemment, la disposition de 4 millions de francs de domaines situés tant dans les pays de Massa et de Carrara et de la Garfagnana que dans la principauté de Lucques, et il stipule que des inscriptions seront créées sur le livre de la Dette publique de la principauté de Lucques jusqu'à concurrence de 200,000 francs de rentes annuelles, monnaie de France, en faveur des généraux, officiers et soldats qui ont rendu le plus de services à la Patrie ... « et à notre couronne... », leur imposant dès alors la condition expresse de ne pouvoir aliéner sans l'autorisation impériale les biens et rentes avant dix années.

Le premier grand feudataire, ne faisant pas partie de la famille de l'Empereur, a été le maréchal Alexandre Berthier, devenu prince de Neufchâtel, sous le nom d'Alexandre Ier.

Le décret d'investiture de la principauté débute ainsi :

... « Voulant donner à notre cousin le maréchal Berthier, notre Grand Veneur et notre Ministre de la Guerre, un témoignage de notre bienveillance pour l'attachement qu'il nous a montré et la fidélité et le talent avec lesquels il nous a constamment servi, Nous avons résolu de lui transmettre, comme en effet Nous lui transférons par les présentes, la principauté de Neufchâtel, avec le titre de prince et duc de Neufchâtel, pour la posséder en toute propriété et souveraineté, telle qu'elle Nous a été cédée par Sa Majesté le roi de Prusse... »

Puis l'Empereur indique que la souveraineté sera transmise à la descendance masculine, légitime et naturelle du prince, avec retour à l'Empereur, en cas d'extinction de cette descendance.

Il est imposé au nouveau prince, toujours pour montrer sa vassilité, qu'il prêtera en sa qualité de prince et de duc de Neufchâtel le serment de servir l'Empereur en bon et loyal sujet. Ce nouveau souverain était donc un sujet, il ne perdait pas sa qualité de Français et la foi et hommage dus par le vassal de l'ancienne féodalité était remplacé par un serment.

Ce serment devait être prêté à chaque vacance par les descendants du prince, car, dit Napoléon Ier « ... Nous ne doutons pas qu'ils n'héritent de ses sentiments pour Nous, et qu'ils ne nous portent ainsi qu'à nos successeurs le même attachement et la même fidélité. »

Suit un appel aux habitants de la principauté :

... « Nos peuples de Neufchâtel mériteront par leur obéissance envers leur nouveau souverain la protection spéciale qu'il est dans notre intention de leur accorder constamment. »

Les 21e, 22e et 23e grands fiefs sont créés dans les états de Parme et de Plaisance, pour être ultérieurement donnés (décrets du 30 mars 1806). La dévolution des 21e, 22e et 23e grands fiefs est la même que celle des autres fiefs. L'Empereur décide que les biens nationaux qui existent dans les États de Parme et de Plaisance seront réservés, tant pour être affectés auxdits duchés que pour en être disposé en faveur de ses généraux, officiers et soldats, qui ne pourront les aliéner qu'après un nombre d'années déterminé.

L'organisation administrative des Etats de Parme, Plaisance et Guastalla est établie par un décret du 2 thermidor, an XIII.

Ainsi l'Empereur, découpait de son épée, l'Europe conquise, en tranches, qu'il distribuait à ses fidèles.

L'œuvre se complète peu à peu dans sa pensée, mais n'arrive pas du premier jet à sa forme définitive. Jusqu'alors, l'Empereur défend d'aliéner avant dix ans ce qu'il a donné; nous verrons qu'en 1808, il interdira totalement l'aliénation, à moins qu'elle ne soit suivie d'un remploi accepté par lui.

L'idée de remploi, remplaçant celle d'interdiction d'aliéner, se fait cependant jour pendant la même année de 1806. C'est à l'occasion de la principauté de Guastalla, que trois mois auparavant il avait conféré à sa sœur, la princesse Pauline.

C'est dans le sénatus-consulte du 14 août 1806 que cette idée de remploi apparait.

La principauté de Guastalla avait été cédée au jeune Royaume d'Italie.

Le Sénat conservateur, après avoir entendu les orateurs du Conseil d'Etat et le rapport de la commission speciale, décide qu'il sera acquis, du produit de la cession et en remplacement des biens cédés, d'autres biens situés dans le territoire de l'Empire Français.

Ces biens ainsi acquis en remploi devaient être possédés par la princesse Pauline et le prince Borghèse, son mari, dans les mêmes conditions que la principauté elle-même, quant à l'hérédité et à la reversibilité.

Et cette mesure est étendue par ce sénatus-consulte à tous les autres grands fiefs.

... « Dans le cas où Sa Majesté viendrait à autoriser l'échange ou l'aliénation des biens composant la dotation des duchés relevant de l'Empire Français, érigés par les actes du même jour, 30 mars dernier, ou de la dotation de tous nouveaux duchés ou autres titres que Sa Majesté pourra ériger à l'avenir, il sera acquis des biens en remplacement sur le territoire de l'Empire Français, avec le prix de ces aliénations.

... « Les biens pris en échange ou acquis seront possédés quant à l'hérédité et à la réversibilité, quittes de toutes charges, conformément aux actes de création desdits duchés ou autres titres, et aux charges et conditions y énoncées ... »

Ce sénatus-consulte est véritablement remarquable dans l'Histoire de la Noblesse de l'Empire. Après avoir établi le principe du remploi en cas d'aliénation des biens donnés par l'Empereur, remplaçant l'interdiction d'aliéner avant un certain laps de temps, le sénatus-consulte crée une institution digne d'étude, le majorat volontaire, ou sur demande, que l'on peut opposer à la dotation impériale ou majorat de propre mouvement.

L'Empereur, imitant ce qui existait dans certains pays, en Espagne, en Italie, en Pologne, dans les Provinces Baltiques, où un chef de famille noble retranche de son patrimoine un bien considérable, pour en constituer un majorat, rehausser l'éclat de sa maison, au détriment des puinés et à l'avantage d'un seul fils, à chaque génération, l'Empereur décide que :

.... « Quand sa Majesté le jugera convenable, soit pour récompenser de grands services, soit pour exécuter une utile émulation, soit pour concourir à l'éclat du trône, elle pourra autoriser un chef de famille à substituer ses biens libres pour former la dotation d'un titre héréditaire que Sa Majesté érigorait en sa faveur, reversible à son fils aîné, né ou à naitre, et à ses descendants en ligne directe, de mâle en mâle, par ordre de primogéniture ... »

Nous devrons étudier la nature des majorats *proprio motu* et des majorats volontaires, si intimement liés à la Noblesse Impériale, et ce, au point que certains titres restaient purement viagers, sans la constitution du majorat.

Dans son sénatus-consulte du 14 août 1806, le Sénat se hâte d'ajouter, peut-être pour rassurer l'opinion publique et empêcher les réflexions de ceux qui avaient pu connaître la féodalité et les droits féodaux, que ... « les propriétés ainsi possédées sur le territoire français n'auront et ne conféreront aucun droit ou privilège relativement aux autres sujets français de Sa Majesté et à leurs propriétés ... »

Quant aux propriétés situées à l'étranger et possédées à titre de majorat, les privilèges y attachés pouvaient, dans ces pays qui n'avaient pas vu 1789, être contraires au Code Civil et comporter des droits incompatibles avec la Révolution.

Puis, avant l'organisation complète du système, réalisée en 1808, l'Empereur confère au maréchal Lefebvre le duché de Dantzick.

Les lettres-patentes qui vont être rappelées, données avant les statuts de 1808, sont d'une rédaction différente de celles postérieures à ces statuts. Elles ne contiennent aucune collation d'armoiries et de livrées, à ce titre elles méritent d'être rappelées spécialement.

L'Empereur expose ses intentions dans un message au Sénat, à la date du 28 mai 1807.

... « Par nos décrets du 30 mars 1806, nous avons institué des duchés pour récompenser les grands services civils et militaires qui nous ont été et nous serons rendus, et pour donner des appuis à notre trône et environner notre couronne d'un nouvel éclat.

» C'est à nous à songer à assurer l'Etat et la fortune des familles qui se dévouent entièrement à notre service, et qui sacrifient constamment leurs intérêts aux nôtres. Les honneurs permanents, la fortune légitime, honorable et glorieuse que nous voulons donner à ceux qui nous rendent des services éminents, soit dans la carrière civile, soit dans la carrière militaire, contrasteront avec la fortune illégitime, cachée, honteuse, de ceux qui, dans l'exercice de leurs, fonctions ne chercheraient que leur intérêt au lieu d'avoir en vue celui de nos peuples et le bien de notre service.

» Sans doute, la conscience d'avoir fait son devoir et les biens attachés à notre estime suffisent pour retenir un bon Français dans la ligne de l'honneur ; mais l'Ordre de notre Société est ainsi constitué, qu'à des distinctions apparentes, à une grande fortune sont attachés une considération et un éclat dont nous voulons que soient environnés ceux de nos sujets, grands par leurs talents, par leurs services et par leur caractère, ce premier don de l'homme ...

» Celui qui nous a le plus secondé dans cette première journée de notre règne, et qui, après avoir rendu des services dans toutes les circonstances de sa carrière militaire, vient d'attacher son nom à un siège mémorable, où il a déployé des talents et un brillant courage, nous a paru mériter une éclatante distinction. Nous avons voulu aussi consacrer une époque si honorable pour nos armes, et par les lettres-patentes dont nous chargeons notre cousin l'Archi-Chancelier de vous donner communication, nous avons créé notre cousin le maréchal et sénateur Lefebvre, duc de Dantzick.

... » Que ce titre porté par ses descendants leur retrace

les vertus de leur père, et qu'eux mêmes ils s'en reconnaissent indignes, s'ils préféraient jamais un lâche repos et l'oisiveté de la grande ville aux périls et à la noble poussière des camps, si jamais leurs premiers sentiments cessaient d'être pour la patrie et pour nous.

... » Qu'aucun d'eux ne termine sa carrière sans avoir versé son sang pour la gloire et l'honneur de notre belle France ; que dans le nom qu'ils portent, ils ne voient jamais un privilège, mais des devoirs envers nos peuples et envers Nous, à ces conditions, notre protection et celle de nos successeurs les distinguera dans tous les temps.

... » Sénateurs ! nous éprouvons un sentiment de satisfaction en pensant que les premières lettres-patentes qui, en conséquence du sénatus-consulte du 14 août 1806, doivent être inscrites sur vos registres consacrent les services de votre Préteur ... »

Ce message est, comme les lettres-patentes qui vont suivre, datées du 28 mai 1807, du camp impérial de Finckenstein, quelques jours avant Iéna.

Le texte des lettres-patentes débute ainsi :

« ... Napoléon, par la grâce de Dieu et les Constitutions de la République ... Empereur des Français ... »

Souvenir de l'antiquité romaine où l'Empereur existe en même temps que la République, et chose à remarquer, que cet Empereur de la République conférant des titres nobiliaires, titres qui avaient jusqu'alors apparu seulement dans un Etat monarchique ...

Une remarque bien suggestive est encore à faire dans ces lettres-patentes ; l'Empereur y fait dater son règne du 18 brumaire !

... « Voulant, dit l'Empereur, donner à notre cousin le maréchal et sénateur Lefebvre un témoignage de notre bienveillance pour l'attachement et la fidélité qu'il nous a toujours montrés, et reconnaître les services éminents qu'il nous a rendus le premier jour de notre règne, qu'il n'a cessé de nous rendre depuis et auxquels il vient d'ajouter encore un nouvel éclat par la prise de la ville de Dantzick ; désirant de plus consacrer par un titre spécial le souvenir de cette glorieuse et mémorable circonstance, nous avons résolu de lui conférer, et nous lui conférons par les présentes, le titre de duc de Dantzick, avec une dotation en domaines situés dans l'intérieur de nos Etats.

» Nous entendons que ledit duché de Dantzick soit possédé par notre cousin le maréchal et sénateur Lefebvre, et transmis héréditairement à ses enfants mâles, légitimes et naturels, par ordre de primogéniture, pour en jouir en toute propriété, aux charges et conditions, et avec les droits. titres honneurs et prérogatives attachés aux duchés par les constitutions de l'Empire ; nous réservant, si sa descendance masculine, légitime et naturelle venait à s'éteindre, ce que Dieu ne veuille, de transmettre ledit duché, à notre choix et ainsi qu'il sera jugé convenable par Nous ou nos successeurs, pour le bien de nos peuples et l'intérêt de notre couronne.

» Nous ordonnons que les présentes lettres-patentes soient communiquées au Sénat pour être transcrites sur ses registres.

» Ordonnons pareillement, qu'aussitôt que la dotation définitive du duché de Dantzick aura été revêtue de notre approbation, l'état détaillé des biens dont elle se trouvera composée, soit, en exécution des ordres donnés à cet effet par Notre Ministre de la Justice, inscrit au greffe de la Cour d'appel dans le ressort de laquelle l'habitation principale du duché sera située, et que la même inscription ait lieu au bureau des hypothèques des arrondissements respectifs, afin que la condition desdits biens, résultant des dispositions du sénatus-consulte du 14 août 1806 soit généralement reconnue, et que personne ne puisse en prétendre cause d'ignorance... »

Ainsi, l'Empereur ne donnait au maréchal Lefebvre aucun immeuble, aucun bien, aucune rente situés dans la ville de Dantzick ou aux environs. Le nouveau duc se trouvait n'avoir pas une parcelle dans la ville dont il portait le nom, pas une habitation. Ce titre de duc de Dantzick était un pur souvenir du siège, comme les généraux romains portaient, sous forme de cognomen ou d'adjectif ajouté à leur nom, un souvenir des campagnes où ils avaient été victorieux contre l'étranger.

Cela était tellement vrai, que l'un des traités signés à Tilsitt, le 9 juillet 1807, celui avec le roi de Prusse, déclare que la ville de Dantzick, avec un territoire de deux lieues de rayon autour de son enceinte, sera rétablie dans son indépendance sous la protection des rois de Saxe et de Prusse, et gouvernée par les lois qui la régissaient à l'époque où elle avait cessé de se gouverner elle-même.

Les lettres-patentes ne créaient encore au profit du nouveau duc ni armoiries ni livrées L'œuvre de l'Empereur devait peu à peu se compléter.

Deux années s'écoulèrent. Ce n'est qu'en 1808 que fut organisée complètement la noblesse impériale. Aux lauriers d'Austerlitz, étaient venus se joindre ceux d'Iéna et d'Auerstaëdt. Le traité de Tilsitt avait mis à la disposition de l'Empereur d'autres territoires, d'autres domaines, d'autres biens mobiliers. Arrivé au faîte de la puissance et de la gloire, l'Empereur pouvait réaliser ses desseins longtemps caressés d'établir une nouvelle noblesse, puisque l'ancienne paraissaient irréconciliable.

L'Empereur ne devait rencontrer aucune opposition,

aucune réflexion de l'opinion ou il ne devait tenir aucun compte de celles qui se produiraient.

Les mémoires du temps rapportent que le jour où fut apporté au Conseil d'Etat le décret du rétablissement de la noblesse, on fit retirer les auditeurs. Quand la lecture du décret fut achevé, tout le monde garda un profond silence. Le conseiller d'État Réal, pressé de donner son opinion, le fit en ces termes :

« ... Sire, vous vous rappelez qu'en m'opposant à ce que vous prissiez le titre impérial, j'en voyais les fautes. Aujourd'hui, vous rétablissez la noblesse. Demain vous reviendrez aux institutions gothiques abolies et devenues odieuses... »

C'était là l'opinion de bien des Français.

Napoléon passa outre. Il avait estimé que cette création était un élément d'éclat de son trône, un élément d'émulation de ses sujets. Les anciens partis toujours hostiles, n'avaient pas su désarmer, les anciennes familles, force du pays, n'avaient pas compris qu'elles devaient se rapprocher. L'Empereur allait se passer d'elles, les rejeter dans l'oubli et rétablir la nouvelle société sous une forme semblable à l'ancienne.

CHAPITRE III

LES DEUX DÉCRETS DU 1ᵉʳ MARS 1808 CRÉANT LA NOBLESSE D'EMPIRE

> ... « *Nobilitas... nihil est aliud quam cognita virtus...* »
>
> (CICÉRON, *Épithètes.*)

Les deux décrets du 1ᵉʳ mars 1808 sont au nombre des dispositions législatives les plus importantes de la grande époque. Le premier a trait aux titres de la nouvelle noblesse, il la crée et l'organise définitivement, le second a trait aux deux espèces de majorats, ceux de propre mouvement et ceux sur demande.

Il est à remarquer que l'Empereur ne conserve parmi les anciennes dénominations nobiliaires que celles de Prince, de Duc, de Comte, de Baron et de Chevalier. Il supprime celles de vicomte et de marquis que Molière, et après lui Regnard, avaient à jamais rendu ridicules.

Prince, de son étymologie latine, c'est celui qui est le premier dans la cité; Duc, c'est le général d'armée; Comte, le compagnon du souverain, celui qui l'approche; Baron, paraît être la corruption du mot vir homme; Chevalier, celui qui guerroye à cheval.

L'Empereur décide tout d'abord que les grands dignitaires de l'Empire porteront le titre de Prince et d'Altesse sérénissime. Ces grands dignitaires furent le Grand Amiral de France (Murat), le Grand Électeur (le roi Joseph), le Grand Connétable (le roi Louis), le Grand Chancelier (Cambacérès, duc de Parme), le Prince Archi-Trésorier (Lebrun, duc de Plaisance, Gouverneur général des Départements de la Hollande), le Prince Archi-Chancelier d'État (Eugène Beauharnais, vice-roi d'Italie), le Gouverneur général des Départements au-delà des Alpes (le prince Borghèse), le Vice-Grand Électeur (Talleyrand, prince de Bénévent) et le Vice-Connétable (Berthier, prince de Neufchâtel et de Wagram).

Les fils aînés de ces grands dignitaires ont le droit de porter le titre de Ducs de l'Empire, mais seulement lorsque leur père a institué en leur faveur un majorat produisant deux cent mille francs de revenus.

Ce titre de duc et ce majorat seront, si cette condition est remplie, transmissible à leur descendance directe, légitime, naturelle ou adoptive, de mâle en mâle et par ordre de primogéniture.

Les mêmes grands dignitaires pourront aussi instituer pour leurs autres enfants, et même pour leur fils aîné, des majorats auxquels seront attachés les titres de comte et de baron, suivant diverses conditions.

Ainsi le grade dans la hiérarchie nobiliaire s'établit par l'importance du majorat et de la fortune attachée à ce grade.

Dans ce décret, viennent ensuite les dispositions en faveur des Ministres, des Sénateurs, des Conseillers d'État à vie, des Présidents du Corps legislatif, des Archevêques. Ces fonctionnaires porteront le titre purement viager de comte, titre qu'ils rendront héréditaire, soit lorsqu'ils recevront du souverain un majorat, soit lorsqu'ils constitueront eux-mêmes ce majorat.

Ce titre sera transmissible à la descendance directe et légitime, naturelle et adoptive, de mâle en mâle, par ordre de primogéniture, de celui qui en aura été revêtu le premier, et pour les archevêques à celui de leurs neveux qu'ils auront désigné, en se retirant, devant le Prince Archi-Chancelier de l'Empire, afin d'obtenir des lettres-patentes nécessaires et en constituant ou recevant un majorat.

Le comte qui voudra transmettre son titre, s'il ne reçoit pas des biens provenant du domaine extraordinaire, devra justifier d'un revenu net de 30.000 francs, en biens de la nature de ceux des majorats.

Un tiers desdits biens reste affecté à la dotation du titre et passe avec lui sur toutes les têtes où ce titre se fixe par la suite.

Les comtes pourront eux-mêmes instituer en faveur de leur fils puiné, et même aîné, un autre majorat auquel sera attaché le titre de Baron.

Seront Barons de l'Empire à vie, sauf à eux à rendre leur titre héréditaire comme il va être dit, les Présidents des Collèges électoraux de chacun des départements; le premier Président de la Cour de Cassation; le Procureur général près la même Cour; le premier Président et le Procureur général près la Cour des Comptes; les premiers Présidents et les Procureurs généraux des Cours impériales ou Cour d'appel; les Evêques de l'Empire et les Maires des trente-sept... « bonnes villes qui ont droit d'assister à notre couronnement ».

Pour bénéficier de cette disposition, les Présidents des Collèges électoraux doivent avoir présidé le Collège pendant trois sessions; les premiers Présidents, Procureurs généraux et Maires, après seulement dix années d'exercice «... et que tous auront, dit l'Empereur, rempli leurs fonctions à notre satisfaction... »

Les Maires des trente-sept bonnes villes de l'Empire qui devaient assister et n'ont jamais assisté au couronnement d'un Empereur, étaient ceux des villes de Paris, de Lyon, de Marseille, de Bordeaux, de Rouen, de Turin, de Nantes, de Bruxelles, d'Anvers, de Gand, de Lille, de Toulouse, de Liège, d'Aix-la-Chapelle, d'Orléans, d'Amiens, d'Angers, de Montpellier, de Metz, de Caen, d'Alexandrie, de Clermont-Ferrand, de Besançon, de Nancy, de Versailles, de Rennes, de Genève, de Mayence, de Tours, de Bourges, de Grenoble, de La Rochelle, de Dijon, de Reims, de Nice, de Montauban et de Troyes. Il y fut ajouté plus tard Amsterdam et Rotterdam.

L'hérédité du titre de baron ne sera obtenue qu'en se conformant aux prescriptions qui sont applicables à ceux de duc et de comte, sinon le titre sera viager. Toutefois, les barons ne seront tenus de justifier que d'un revenu de quinze mille francs, dont le tiers ou cinq mille francs sera affecté à la dotation de leur titre et passera avec lui sur toutes les têtes où ce titre se fixera.

Pareillement, seront barons les membres des Collèges électoraux de département, qui auraient assisté à trois session de Collèges : ...« et y auront rempli leurs fonctions à notre satisfaction... » Ils pourront se retirer devant le Prince archi-chancelier, à l'effet de retirer les lettres-patentes nécessaires. Ils devront justifier d'un revenu de quinze mille francs, dont le tiers sera affecté à la dotation héréditaire.

Seront chevaliers de l'Empire, ceux à qui l'Empereur conférera cette dignité, et, en outre, certains membres de la Légion d'honneur. L'Empereur renouvelait ainsi ce qui avait eu lieu sous la Monarchie pour les chevaliers de Saint-Louis. Ce titre de chevalier de l'Empire est transmissible et héréditaire en obtenant les lettres-patentes nécessaires, et en justifiant d'un revenu net de trois mille francs au moins, provenant soit d'une donation impériale, soit de biens érigés volontairement en majorat.

Très peu de chevaliers de l'Empire reçurent une dotation impériale, ou se constituèrent un majorat destiné à rendre leur titre héréditaire.

En sorte que ce titre est de nos jours des plus rares et presque inconnu de tous.

L'Empereur se réserve encore d'accorder les titres qu'il jugera convenables à ses généraux, aux préfets, aux officiers civils et militaires, et à ceux parmi ses sujets qui se seront distingués par les services rendus à l'Etat.

Il défend à ceux à qui il aura conféré les titres qu'il vient d'établir de porter d'autres armoiries, ni d'avoir d'autres livrées que celles qui auront été énoncées dans les lettres de création. Au surplus, les anciennes armoiries avaient été abolies et l'Empereur défend de les rétablir. Il défend de reprendre les anciennes qualifications ; l'on voit alors un membre d'une ancienne famillle ducale porter le simple titre de baron ou de comte de l'Empire.

Défense expresse, formelle, est faite aux officiers de l'état civil, aux notaires et autres officiers publics, de donner aux citoyens d'autres qualifications que celles nouvellement établies, à peine de sanctions diverses.

D'autres dispositions concernent les Chevaliers de l'Empire.

L'Empereur, par le décret du 3 mars 1810, décide que lorsque, pour des services rendus, il aura accordé une dotation à un membre de la Légion d'honneur, auquel auront été en outre conféré des lettres-patentes de chevalier, si ce chevalier ne se trouve revêtu d'aucun des autres titres impériaux, ce titre ainsi conféré ne sera transmissible à l'aîné des descendants qui ne serait pas membre de la Légion d'honneur, jusques et y compris la troisième génération, qu'autant qu'ils en auraient obtenu la confirmation du souverain et qu'à cet effet ils se seraient pourvus devant le Conseil du Sceau des titres.

Mais après trois confirmations consécutives, la transmission du titre devait avoir lieu sans autre formalité que celle du visa du Conseil du sceau.

Antérieurement à ce décret, l'Empereur avait créé des chevaliers de l'Empire, à qui cette condition de confirmation n'était pas applicable, et dont le titre se transmettait selon les règles établies par les lettres-patentes de constitution.

Un autre décret du 4 juin 1809 concerne la transmission et la cumulation des titres. Par cette disposition, le titulaire de deux titres de droit, qui n'a pas de majorat ne peut porter que le titre qui est attaché au plus éminent des deux offices dont il a été successivement revêtu.

Si par la suite il fonde un majorat, conformément au premier statut du 1er mars 1808, il acquiert le droit de cumuler les deux titres. Le titulaire devra donc créer ou recevoir un majorat dont l'importance totale équivaudra aux deux majorats auxquels il est astreint pour chacun de ses titres.

La transmission de ces majorats reposant au début sur la même tête s'opérera soit en totalilé au fils aîné, soit (si le titulaire a eu soin de le demander lors de la délivrance des lettres-patentes) aux diverses branches de sa descendance masculine.

Si le titulaire recueille par succession un autre titre accompagné d'un autre majorat, il pourra également porter ce titre, en justifiant bien entendu de ses droits.

Tout titulaire d'un titre de duc, comte ou baron, qui serait ou deviendrait par la suite membre de la Légion d'honneur, joindra à son titre de droit celui de chevalier de l'Empire, sans constitution de nouveau majorat.

Ce décret et celui du 3 mai 1810, sans rien innover à ce qui avait été statué pour les fils aînés des grands dignitaires, décident que le fils du duc portera le titre de comte, celui de comte le titre de baron, mais en instituant un majorat à cet effet.

Quant aux fils puinés des titulaires des majorats, ils porteront le titre de chevaliers de l'Empire.

Afin d'assurer la surveillance de la nouvelle noblesse et aussi d'empêcher les usurpations, un registre était tenu par le Procureur général près le Conseil du Sceau des titres. Ce registre était divisé par départements et contenait l'indication de tous les titulaires des titres impériaux domiciliés dans le département. L'article de leur désignation contenait, outre la désignation du titre, celle de la maison formant le siège du majorat.

Chaque fois qu'une inscription nouvelle était faite sur ce registre, le Procureur général du Sceau des titres en donnait connaissance aux Préfets et aux Procureurs généraux.

Ces derniers devaient, d'autre part, donner avis au Procureur général du Sceau des décès de tous les titulaires, soit pour que le retour au domaine pût être effectué, soit pour que la transmission des bien majoratisés ou du titre puisse être surveillée.

La descendance, les naissances, les décès des familles revêtues d'un titre impérial, toutes les modifications de l'état civil de la descendance masculine doivent être notifiées au Conseil du Sceau des titres.

Dès qu'une extinction de descendance masculine est connue, si le majorat résulte d'une dotation provenant en tout ou en partie de ... « Notre Munificence » dit l'Empereur, le Procureur général du Sceau en donne avis à l'Intendant du Domaine extraordinaire, si les biens viennent de ce domaine, et à l'Intendant du Domaine privé si les biens proviennent du domaine privé. Et pour assurer le retour desdits biens, les intendants se mettent en possession sans délai de ces biens.

Diverses remarques s'imposent lors de l'étude du décret du 1er mars 1808. Le titulaire d'un grade nobiliaire est seul à porter son titre et un seul de ses enfants, sauf les conditions rapportées, le porte. L'abus ancien, renouvelé depuis, de laisser chacun des puinés porter un titre inférieur à celui de son père se trouve supprimé. Le titre de vicomte, qui n'était d'ailleurs qu'une fonction judiciaire, a disparu.

L'Empereur revient donc aux véritables traditions et la noblesse impériale n'a, la plupart du temps, pas de particule.

Dans le mois des lettres-patentes conférant les titres de Duc, de Comte, de Baron ou Chevalier, les nouveaux investis devaient prêter le serment suivant :

« Je jure d'être fidèle à l'Empereur et à sa dynastie, d'obéir aux constitutions, lois et règlements de l'Empire, de servir Sa Majesté en bon, loyal et fidèle sujet et d'élever mes enfants dans les mêmes sentiments de fidélité et d'obéissance et de marcher à la défense de la Patrie toutes les fois que le territoire sera menacé, ou que Sa Majesté irait à l'armée. »

Le même serment devait être prêté dans les trois mois par ceux qui devaient être appelés à recueillir le titre et le majorat.

Les Ducs devaient prêter le serment aux mains de l'Empereur lui-même, sur la présentation de l'Archi-Chancelier. Les Comtes, les Barons et les Chevaliers devaient prêter le serment aux mains d'un délégué de l'Empereur.

Pendant la Restauration impériale des Cent-Jours, l'Empereur, par son décret du 13 mars 1815, rétablit les interdictions de porter les titres anciens, réitère les titres impériaux et prend une disposition remarquable à tous égards. Il se réserve de conférer des titres aux descendants de ceux qui avaient, pendant les règnes précédents, illustré le nom Français, dans le commandement des armées de terre et de mer, comme conseils des souverains, ou dans les administrations civiles et judiciaires, dans les sciences, dans les arts, dans le commerce, ainsi dans des professions qui autrefois auraient fait perdre la noblesse

On eût dit que l'Empereur regrettait qu'avant lui on n'eût pas suffisamment récompensé ces illustrations et qu'il voulait réparer cette injustice.

La jurisprudence actuelle pose en principe que les titres nobiliaires, tant ceux antérieurs à la Révolution que ceux postérieurs, se transmettent suivant les règles déterminées par l'acte qui les a créés.

Cet acte étant représenté et ses dispositions étant claires et précises, c'est à l'autorité judiciaire à statuer, et l'autorité administrative, comme on pourrait le croire, n'a aucune interprétation à fournir.

On pouvait en effet supposer tout d'abord que la collation des titres étant une prérogative du pouvoir exécutif et de l'administration, toute contestation relative à ces titres doit relever de cette administration. Il n'en est rien dans le cas d'interprétation de titres et d'actes les conférant et les tribunaux qui connaissent des contestations de titres produits ne violent en rien le principe de la séparation des pouvoirs exécutif et judiciaire.

Ce que l'autorité judiciaire ne peut faire, ce serait connaître des questions relatives à la collation, à la vérification, à la reconnaissance des titres nobiliaires.

Ainsi l'ont décidé divers arrêts de cassation.

L'hérédité du titre paraît une chose contestable et irrationnelle, surtout dans un temps où l'hérédité des biens a pu être elle-même contestée.

Cette hérédité formait cependant elle-même le plus certain, le plus efficace de la récompense que l'Empereur accordait à ceux qui avaient rendu service à l'État, à ceux qui, selon la forte expression de Sénèque, consacraient leur vie à... « *Laborare in nomen et gloriam* ».

Qu'étaient, auprès des services rendus, le titre qui était donné, auprès de l'idée, de la certitude, qu'ils travaillaient pour les leurs, pour leurs descendants.

Il en est ainsi pour d'autres biens qui se transmettent par l'hérédité : l'assurance que ces biens seront transmis à ceux qui naissent de notre sang, fait qu'ils seront mieux exploités, qu'ils ne seront pas dilapidés, et la réunion de ces prospérités privées, crée la prospérité publique. Ainsi l'hérédité des biens trouve son fondement dans le motif économique et social de la prospérité nationale.

« ... *Nescio quomodo animus erigens se, posteritatem semper ita prospicit* » (CICÉRON, *de Senectete*.)

Supprimer l'hérédité du titre serait supprimer la récompense elle-même, dans tous les cas, la restreindre dans une proportion injuste, mutiler la récompense, comme était mutilé le brave qui l'avait reçue.

A n'examiner que superficiellement les faits, on pourrait s'étonner que la dévolution puisse s'opérer d'un titulaire à un collatéral souvent éloigné, quand le titulaire meurt sans postérité masculine. Il n'y a là pourtant rien que de très naturel et ce n'est même pas une dévolution de collatéral à collatéral. Les lettres-patentes créant et conférant les titres contiennent, aussi bien celles de la période antérieure à 1789 que celles postérieures à cette époque, des dispositions analogues à celle suivante :

... « Voulons et nous plait que l'exposant et ses enfants mâles nés et à naître en légitime mariage puissent se dire et qualifier comtes de ..... Voulons qu'à défaut de mâles, pour recueillir ledit comté, dans la descendance masculine de l'exposant, la terre de..... retourne au même et semblable état qu'elle était avant ces présentes. »

Et sous Napoléon Ier.

... « Voulons que ledit titre de baron et les biens que nous y avons attachés soient transmis après le décès dudit sieur..... à sa descendance directe et légitime, soit naturelle, soit adoptive, de mâle en mâle, par ordre de primogéniture... »

Ainsi donc, si un descendant mâle, si éloigné qu'il soit de l'auteur, meurt sans postérité masculine, son titre écherra à son collatéral le plus proche, d'après la compu_tation des systèmes romains et français des ordres d'héritiers, non pas comme collatéral, non pas comme recueillant une succession à titre héréditaire, mais en vertu de la dévolution même organisée par les lettres-patentes ; en quelque sorte de son chef et parce qu'il est le descendant mâle du premier titulaire.

On comprend que, dans ce cas, il n'est nullement besoin de se pourvoir devant le conseil d'administration du Ministère de la Justice pour se faire autoriser à porter un titre que l'on possède indépendamment de toute autorisation de ce conseil.

CHAPITRE IV

LETTRES-PATENTES CONFÉRANT LES TITRES

Il paraît utile de rapporter quelques exemples de collation des titres.

Ce seront les lettres-patentes créant un prince souverain, un prince de l'Empire, un duc, un comte, un baron et un chevalier de l'Empire.

Erection du Grand-Duché de Francfort

Un grand fief de l'Empire était le Grand-Duché de Francfort, créé par le décret du 1er mars 1810, et conféré éventuellement au prince Eugène de Beauharnais. Dans un message au Sénat du même jour, l'Empereur expose ses intentions et les causes de cette création :

« Les principes de l'Empire s'opposant à ce que le sacerdoce soit réuni à aucune souveraineté temporelle, nous avons dû regarder comme non avenue la nomination que le prince Primat avait faite du cardinal Fesch, pour son successeur. Ce prélat, si distingué par sa piété et les vertus de son état, nous avait d'ailleurs fait connaître la répugnance qu'il avait a être distrait des soins et de l'administration de ses diocèses.

» Nous avons voulu aussi reconnaître les services que le prince Primat nous a rendus et les preuves multipliées que nous avons reçues de son amitié. Nous avons ajouté à l'étendue de ses états et nous les avons constitués sous le titre de Grand-Duché de Francfort. Il en jouira jusqu'au moment marqué pour le terme d'une vie consacrée à faire le bien ... »

... « Nous avons en même temps voulu ne laisser aucune incertitude sur le sort de ses peuples, et nous avons en conséquence cédé à notre cher fils, le prince Eugène Napoléon, tous nos droits sur le Grand-Duché de Francfort. Nous l'avons appelé à posséder héréditairement cet état après le décès du prince Primat, et conformément à ce qui est établi dans les lettres d'investiture, dont nous chargeons notre cousin le prince Archi-Chancelier de vous donner connaissance.

» Il a été doux à notre cœur de saisir cette occasion de donner un nouveau témoignage de notre estime et de notre amitié à un jeune Prince dont nous avons dirigé les premiers pas dans la carrière du gouvernement et des armes ; qui, au milieu de tant de circonstances, ne nous a donné jamais aucun motif de mécontentement ; au contraire, il nous a secondé avec une prudence au-dessus de ce qu'on pouvait attendre de son âge ; dans ces derniers temps, il a montré, à la tête de nos armées, autant de bravoure que de connaissance dans l'art de la guerre. Il convenait de le fixer d'une manière stable dans le haut rang où nous l'avons placé.

» Elevé au Grand-Duché de Francfort, nos peuples d'Italie ne seront pas pour cela privés de ses soins et de son administration ; notre confiance en lui sera constante comme les sentiments qu'il nous porte... »

Le décret est rendu par Napoléon, comme Protecteur de la Confédération du Rhin, on peut presque dire comme Empereur d'Allemagne.

...« Nous avons voulu ne devoir laisser aucun doute sur l'intention où Nous sommes que nos Etats directs ne dépassent pas le Rhin...

...« Nous avons voulu en même temps fixer le sort des habitants du Grand-Duché de Francfort, en les confiant à un Prince qui nous a donné des preuves multipliées de toutes les qualités qui doivent garantir la durée de leur bonheur... »

Le Grand-Duché de Francfort devait être héréditaire dans la descendance directe, naturelle et légitime, d'Eugène de Beauharnais, par ordre de progéniture, de mâle en mâle, à l'exclusion perpétuelle des femmes. Et si le prince Eugène venait à mourir sans postérité, ou s'il devait être appelé à la couronne de France, l'Empereur se réservait d'exercer de nouveau la prérogative qui lui appartenait en vertu de l'article 16 de l'acte de Confédération, c'est-à-dire de conférer la souveraineté du Grand Duché à un autre titulaire de son choix.

On sait que le prince Primat vivait encore lors des événements de 1814 ; le prince Eugène de Beauharnais ne put donc jamais prendre possession de son grand-duché.

Collation d'un titre de Prince de l'Empire
(Davoust, Prince d'Eckmühl)

« Nous, par la grâce de Dieu, Empereur des Français, Roi d'Italie, Protecteur de la Confédération du Rhin.

» Les services constants et signalés rendus à l'Etat et à nous spécialement dans les batailles d'Eckmühl, de Tahn et de Wagram, par notre cher et bien amé cousin le duc d'Auerstaëdt, maréchal de notre Empire, nous ayant déterminé à reconnaître son affection et sa fidélité pour notre service en lui donnant une preuve éclatante de notre satisfaction, Nous avons par nos lettres patentes provisoires données en notre camp impérial de Schœnbrunn le 15 août 1809, érigé en principauté le château de Brülh, avec les parcs, terres et domaines qui en dépendent, sous le titre de principauté d'Eckmühl, en ordonnant toutefois que des lettres-patentes définitives, rédigées dans les formes consacrées par nos statuts impériaux du 1er mars 1809, fussent substituées à nosdites lettres-patentes provisoires, et en chargeant notre cousin le prince Archi-Chancelier de l'Empire, notre Procureur général et notre Conseil du Sceau des titres de donner à nos intentions le développement nécessaire.

» A ces fins, notre cousin le duc d'Auerstaëdt, désirant obtenir les lettres-patentes définitives, s'est retiré par devant notre cousin le prince Archi Chancelier de l'Empire, lequel a fait examiner cette demande en sa présence par notre Conseil du Sceau des titres.

» Et sur la présentation qui nous a été faite par notre cousin le prince Archi-Chancelier de l'Empire, de la délibération de ce conseil et des conclusions de notre Procureur général, nous avons par ces présentes, signées de notre main, conféré et conférons à notre cher et bien amé cousin Louis-Nicolas Davoust, duc d'Auërstaedt, maréchal de notre Empire, l'un des colonels-généraux de notre garde, Grand-Aigle et Chef de la sixième cohorte de la Légion d'honneur, Chevalier de l'Ordre royal de la Couronne de Fer, Grand-Croix de l'Ordre de Saint-Henri de Saxe et de celui du Christ du Brésil, né à Annoux, département de l'Yonne, le 17 mai 1770, le titre de Prince d'Eckmühl. Nous attachons à toujours à ce titre le château de Brühl, avec les parcs, terres et domaines qui en dépendent, ainsi que tous les autres biens qu'il Nous plaira d'y ajouter pour donner à ce domaine une étendue de territoire convenable : tel que le tout sera plus amplement désigné et détaillé dans les lettres d'investiture qui seront délivrées à l'impétrant par notre cousin le prince Archi-Chancelier de l'Empire, après qu'il les aura fait dresser en sa présence par notre conseil du Sceau des titres. Tous lesquels biens nous érigeons en principauté sous le titre de principauté d'Eckmühl, pour ladite principauté être possédée en toute propriété comme fief immédiat de notre couronne par notre cousin le duc d'Auërstaedt, et par ceux appelés à le recueillir après lui. Voulons que le titre de prince d'Echmühl et les biens qui y sont attachés soient transmis à la descendance masculine, naturelle, légitime ou adoptive de notre cousin le duc d'Auërstaedt, par ordre de primogéniture et qu'en cas d'extinction de ladite descendance, ce que Dieu ne veuille, les biens composant ladite principauté d'Eckmühl fassent retour à nous et à nos successeurs. Voulons et ordonnons que ladite principauté d'Eckmuhl ne puisse à l'avenir être réunie sur la même tête au titre de duc d'Auërstaedt et aux biens qui en composent la dotation si ce n'est toutefois dans le cas où il n'existerait qu'un seul héritier mâle de la descendance directe, légitime et masculine de notre cher et bien amé cousin le duc d'Auërstaedt ; à cet effet, et dans le cas où il y aurait plusieurs héritiers mâles, Voulons que le fils aîné recueille après le décès du titulaire le titre de prince d'Eckmühl, avec l'entière possession de ladite principauté, pour le transmettre à sa descendance masculine, naturelle, légitime ou adoptive par ordre de primogéniture, et que le fils puîné recueille le titre de duc d'Auerstaedt, avec les biens et revenus qui en dépendent pour être possédés par lui et transmis dans le même ordre et de la même manière. Nous imposons au prince d'Eckmühl l'obligation d'avoir un palais situé dans notre bonne ville de Paris et dont la valeur ne pourra être moindre de celle de deux années du revenu de ladite principauté. Et advenant le cas où le titre de prince d'Eckmühl et de duc d'Auërstaedt avec les biens qui en dépendent seraient divisés et reposeraient sur deux têtes différentes, en vertu de notre disposition précédente, nous imposons à chacun des deux titulaires l'obligation d'avoir dans notre bonne ville de Paris un palais d'une valeur égale à deux années du revenu de la dotation de son titre. Voulons et ordonnons pareillement que le château de Brühl, soit, par le propriétaire, mis dans l'espace de cinq années en état d'être habité.

» Autorisons notre cher et bien amé cousin le duc d'Auërstaedt, maréchal de notre Empire, à se dire et qualifier prince d'Eckmühl en tous actes et contrats, tant en jugement que dehors; voulons qu'il soit reconnu partout en ladite qualité; qu'il jouisse des honneurs attachés à ces titres après qu'il aura prêté en nos mains le serment de l'article 37 de notre second statut du 1er mars 1808. Entendant toutefois que le titre de prince d'Eckmühl ne donne au titulaire de la principauté, dans notre cour, dans nos états et ailleurs, aucuns autres droits et prérogatives que ceux dont jouissent les ducs de notre Empire, avec lesquels il prendra rang suivant la date de l'érection dudit titre.

» Permettons à notre cousin le prince d'Eckmühl de porter en tous lieux les armoiries et écussons tels que nous lui avons concédés en qualité de duc d'Auerstaëdt par nos lettres-patentes données à Bayonne, le 2 juillet 1808, lesquelles armoiries figurées aux présentes sont « d'or à » deux lions léopardés rampant de gueules, chef des ducs » de notre Empire brochant sur le tout, et pour livrées les » couleurs de l'écu. » Néanmoins, dans le cas où les titres de prince d'Eckmül et de duc d'Auërstaedt reposeraient sur deux têtes différentes, voulons que le duc d'Auërstaedt soit tenu de distinguer ses armoiries de celles du prince d'Eckmühl, par une brisure, ainsi qu'il sera déterminé le cas arrivant, par notre conseil du Sceau des titres.

» Chargeons notre cousin, le prince Archi-Chancelier de l'Empire, de donner communication des présentes au Sénat et de les faire transcrire sur ses registres; enjoignons à notre Grand Juge, Ministre de la Justice, d'en surveiller l'insertion au *Bulletin des Lois,* mandons à nos procureurs généraux près nos Cours d'appel, à nos procureurs impériaux sur les lieux, de faire publier et enregistrer les présentes à la Cour d'appel et au domicile de l'impétrant et partout où besoin sera.

» Car tel est notre bon plaisir, et afin que ce soit chose ferme et stable à toujours, notre cousin le prince Archi-Chancelier de l'Empire y a fait apposer par nos ordres notre grand sceau en présence du conseil du Sceau des titres.

» Donné à Paris, le 28 du mois de novembre de l'an de grâce 1809.

» NAPOLÉON. »

Collation d'un titre de Duc de l'Empire
(Le maréchal Bessières, duc d'Istrie)

« Nous, par la grâce de Dieu, Empereur des Français, Roi d'Italie, Protecteur de la Confédération du Rhin.

» A tous, présents et à venir, salut.

» Les services signalés rendus à l'Etat et à nous par notre cher et bien amé cousin le maréchal d'Empire Bessières, ayant fixé sur lui notre estime et notre bienveillance particulière, nous avons résolu de récompenser le zèle et la fidélité dont il nous a donné des preuves constantes. Dans cette vue, nous avons, par notre décret du 19 mars 1808, nommé notre cher et bien amé cousin le maréchal d'Empire Bessières, l'un des ducs de notre Empire, sous le titre de duc d'Istrie. En conséquence, et en vertu de notre décret, notre cousin le maréchal d'Empire Bessières s'étant retiré par devant notre cousin le prince Archi-Chancelier de l'Empire, à l'effet d'obtenir de notre grâce les lettres-patentes qui lui sont nécessaires pour jouir de son titre, nous avons par ces présentes, signées de notre main, conféré et conférons à notre cher et bien amé cousin le maréchal d'Empire Jean-Baptiste Bessières, colonel-général commandant la cavalerie de notre garde, grand-aigle de la Légion d'honneur, commandeur de l'ordre royal de la Couronne de fer, grand-croix des ordres du Christ du Brésil, de Saint-Henri de Saxe et de l'Aigle d'Or de Wurtemberg, né à Pressac, département du Lot, le 6 août 1768, le titre de duc d'Istrie. Voulons que ce titre et les biens qui y sont attachés soient transmissibles à sa descendance directe, légitime, naturelle ou adoptive, de mâle en mâle, par ordre de primogéniture ; lesdits biens se trouvant désignés dans l'acte de constitution à faire, de notre autorité, par notre cousin le prince Archi-Chancelier de l'Empire, en présence du conseil du Sceau des titres, dans lequel acte seront énoncées les conditions sous lesquelles jouiront desdits biens notre cher et bien amé cousin le maréchal d'Empire Bessières et ceux de ses descendants appelés par lui à les recueillir ainsi que le titre auquel ils sont attachés.

» Autorisons notre cher et bien amé cousin le maréchal d'Empire Bessières à se dire et qualifier duc d'Istrie en tous actes et contrats, tant en jugement que dehors ; voulons qu'il soit reconnu partout en ladite qualité ; qu'il jouisse des honneurs attachés à ce titre, après qu'il aura prêté entre nos mains le serment prescrit par l'article 37 de notre second statut du 1er mars 1808 ; qu'il puisse porter en tous lieux les armoiries telles qu'elles sont figurées aux présentes et qui sont : « Ecartelé au premier d'azur au lion rampant d'or, lampassé de gueules, au deuxième d'argent à l'épervier essorant de sable ; au troisième d'or à la tour crénelée de trois pièces d'azur maçonnées, ajourées et ouvertes de sable ; au quatrième de gueules au renard passant d'or, chef des ducs, et pour livrées les couleurs de l'écu ».

» Chargeons notre cousin le prince Archi-Chancelier de l'Empire de donner communication des présentes au Sénat et de les faire transcrire sur ses registres ; à notre grand Juge, Ministre de la Justice, d'en surveiller l'insertion au *Bulletin des Lois* ; mandons à nos Procureurs généraux près nos Cours d'appel, et à nos Procureurs impériaux sur les lieux, de faire publier et enregistrer les présentes ; ainsi que l'acte de constitution sus-mentionné partout où besoin sera.

» Car tel est notre bon plaisir et à fin que ce soit chose ferme et stable à toujours, notre cousin le prince Archi-Chancelier de l'Empire y a fait apposer par nos ordres notre grand sceau, en présence du conseil du Sceau des titres.

» Donné en notre quartier général impérial d'Ebersdorf, le 25 du mois de mai de l'an de grâce 1809.

» NAPOLÉON.

» Scellé le 12 juillet 1809.

» *Le prince Archi-Chancelier de l'Empire,*

» CAMBACÉRÈS. »

Collation d'un titre de Comte civil

« Nous, par la grâce de Dieu, Empereur des Français. Roi d'Italie, Protecteur de la Confédération du Rhin.

A tous, présents et avenir, salut.

» Par l'article 4 de notre premier statut du 1er mars 1808, nous avons déterminé que nos Ministres, les Sénateurs, nos Conseillers d'Etat à vie, les Présidents des Corps législatifs, les Archevêques, porteraient le titre de comte et qu'il leur serait à cet effet délivré des lettres-patentes scellées de notre grand sceau.

» Notre cher et amé, le sieur C... de L..., désirant jouir de cet honneur, s'est retiré par devant notre cousin le prince Archi-Chancelier de l'Empire, afin d'otenir de notre grâce les susdites lettres-patentes qui lui sont nécessaires pour jouir de son titre. Et attendu que notre cher et amé, le sieur Charles C... de L..., sénateur, membre de la Légion d'honneur, né à Champdeniers, département des Deux-Sèvres, le....., est au cas mentionné dans l'article 4 de notre statut ci-dessus, nous lui avons par les présentes, signées de notre main, conféré et conférons le titre de comte de notre Empire.

« Ledit titre de comte de notre Empire sera transmissible à la descendance directe, légitime, naturelle ou adoptive, de mâle en mâle par ordre de primogéniture, de notre cher et amé ledit sieur C... de L..., après qu'il se sera conformé aux dispositions contenues en l'article 6 de notre premier statut du 1er mars 1808.

» Permettons à notre cher et amé ledit sieur C... de L... de se dire et qualifier comte de notre Empire dans tous actes et contrats, tant en jugement que dehors; voulons qu'il soit reconnu partout en ladite qualité; qu'il

jouisse des honneurs attachés à ce titre, après qu'il aura prêté le serment prescrit par l'article 37 du second statut du 1er mars 1808, devant celui ou ceux qui seront par nous délégués à cet effet ; qu'il puisse porter en tous lieux les armoiries telles qu'elles sont figurées au présentes :
« D'or au chevron de gueules chargé au sommet de la croix de la Légion d'honneur d'argent et accompagné de trois hures de sanglier de sable. Francquartier des comtes sénateurs et pour livrée les couleurs de l'écu.

» Chargeons notre cousin le prince Archi-Chancelier de l'Empire de donner communication des présentes au Sénat et de les faire transcrire sur ses registres ; enjoignons à notre grand Juge, Ministre de la Justice, d'en surveiller l'insertion au *Bulletin des Lois* ; mandons à nos Procureurs généraux près nos Cours d'appel et à nos Procureurs impériaux de faire publier et enregistrer les présentes à la Cour d'appel et au Tribunal du domicile de cher et amé le sieur C... de L..., et partout où besoin sera.

» Car tel est notre bon plaisir ; et afin que ce soit chose ferme et stable à toujours, notre cousin le prince Arhi-Chancelier de l'Empire y a fait apposer par nos ordres notre grand sceau, en présence du conseil du Sceau des titres.

» Donné à notre quartier général d'Ebersdorf, le 28 du mois de mai de l'an de grâce 1809.

» NAPOLÉON.

» Scellé le 1.. juin 1809.

» *Le prince Archi-Chancelier de l'Empire,*

» CAMBACÉRÈS. »

Lettres-patentes de Baron civil
avec majorat volontaire

« Nous, par la grâce de Dieu, Empereur des Français, Roi d'Italie, Protecteur de la Confédération du Rhin.

» A tous, présents et à venir, salut

» Notre cher et amé le sieur Charles-Gustave M... H..., l'un de nos chambellans, président du Collège électoral du département de l'Oise, né à Montfermeil, département de Seine-et-Oise. le 4 octobre 1776, nous ayant supplié de lui permettre d'instituer dans sa famille un majorat, auquel serait attaché le titre de baron de notre Empire, nous avons bien voulu prendre sa demande en considération, en conséquence de la présentation qui nous a été faite par notre cousin le prince Archi-Chancelier de l'Empire. des conclusions de notre Procureur général, et de l'avis de notre conseil du Sceau des titres, sur les mœurs et la vie honorable de notre cher et amé Charles-Gustave M.. H..., ainsi que sur les moyens de formation du majorat, nous l'avons autorisé par notre décret du 5 février 1809 à former un majorat avec le titre de baron, des biens énoncés dans l'acte indicatif, délivré par notre cousin le prince. Archi-Chancelier de l'Empire, le 20 mars 1809. Lesquels biens consistent en une inscriptiption au Grand Livre de la Dette publique 5 0/0 consolidé, portée au registre M, n° 18948, faite au nom dudit sieur Charles-Gustave M... H..., de la somme de 5.000 francs, laquelle inscription a été annotée comme immobilière et inaliénable, ainsi que le constate un certificat délivré par La Molière, directeur du Grand Livre, le 19 décembre 1808. n° 10.

» Ledit sieur M... H... désirant jouir de la grâce que nous lui avons accordée, s'est retiré pardevant notre

cousin le prince Archi-Chancelier de l'Empire, à l'effet
d'obtenir nos lettres-patentes pour ce nécessaires. En
conséquence, nous avons par les présentes, signées de
notre main, conféré et conférons à notre cher et amé le
sieur M... H... le titre de baron de notre Empire, lequel
titre nous attachons à toujours aux biens ci-dessus
énoncés, érigeant lesdits biens en majorat en faveur dudit
sieur M... H..., pour ledit majorat passer après lui avec
le même titre, à sa descendance directe, légitime, naturelle
ou adoptive, de mâle en mâle par ordre de primogéniture
suivant les dispositions de notre deuxième statut du
1er mars 1808 et en se conformant par ledit sieur M...H...,
et par ceux qui seront appelés après lui à recueillir ledit
majorat, à toutes les conditions prescrites par notre dit
statut.

» Permettons audit sieur M... H... de se dire et
qualifier baron de notre Empire en tous actes et contrats
tant en jugement que dehors ; voulons qu'il soit reconnu
par tous en ladite qualité et qu'il jouisse des honneurs
attachés à ce titre après qu'il aura prêté le serment
prescrit par l'article 37 de notre statut du 1er mars 1808 ;
lui permettons de porter en tous lieux les armoiries et
écusson tels qu'ils sont figurés et coloriés aux présentes,
et qui sont : « D'argent à trois têtes de Maures de sable
» tortillées du champ. Francquartier des barons, officiers
» de notre maison », et pour livrées les couleurs de l'écu.

» Chargeons notre cousin le prince Archi-Chancelier de
l'Empire de donner communication des présentes au Sénat
et de les faire transcrire sur ses registres Enjoignons à
notre grand Juge, Ministre de la Justice, d'en surveiller
l'insertion au *Bulletin des Lois,* mandons à nos Procureurs
généraux près nos Cours d'appel, à nos Procureurs impériaux sur les lieux, de faire publier et enregistrer les

présentes à la Cour d'appel et au domicile du sieur M...
H... et partout où besoin sera.

» Car tel est notre bon plaisir.

» Et afin que ce soit chose ferme et stable à toujours,
notre cousin le prince Archi-Chancelier de l'Empire y a
fait apposer par nos ordres, notre grand sceau en présence
du conseil du Sceau des titres.

» Donné en notre quartier général impérial d'Ebersdorf
le 28 du mois de mai de l'an de grâce 1809.

» NAPOLÉON.

» Scellé le 12 juin 1809.

» *Le prince Archi-Chancelier de l'Empire.*

» CAMBACÉRÈS. »

Lettres-patentes de Chevalier de l'Empire
(Militaire)
avec majorat de propre mouvement

« NAPOLÉON,

» Par la grâce de Dieu et les constitutions de l'Empire,

» Empereur des Français, Roi d'Italie, Protecteur de la
Confédération du Rhin,

» A tous, présents et à venir, salut.

» Par les articles 11 et 12 de notre premier statut du
du 1er mars 1808, nous avons déterminé que les membres
de la Légion d'honneur porteraient le titre de Chevalier et
que ce titre deviendrait transmissible, à la descendance
directe, légitime, naturelle ou adoptive de mâle en mâle
par ordre de primogéniture, de celui qui en aurait été
revêtu, en obtenant nos lettres-patentes à cet effet.

» Par notre décret du 1ᵉʳ octobre 1807, nous avons nommé le sieur P.... membre de la Légion d'honneur et par notre décret du 25 février 1809, nous lui avons accordé une dotation, consistant en biens domaniaux, situés en Westphalie. Ledit sieur P...., désirant jouir du bénéfice de notre dit statut et de la grâce que nous lui avons accordée par nos dits décrets, s'est retiré par devant notre cousin le prince Archi-Chancelier de l'Empire, à l'effet d'obtenir nos lettres-patentes pour ce nécessaires; et en conséquence du compte qui nous a été rendu par notre dit cousin le prince Archi-Chancelier de l'Empire, de la vérification de nos dits décrets faite en sa présence, par notre conseil du Sceau des titres, et voulant perpétuer dans la famille du sieur P.... les témoignages de notre bienveillance, nous avons par ces présentes, signées de notre main, autorisé et autorisons ledit sieur Jean-Baptiste-Jacob P...., officier de la Légion d'honneur, né à Nancy, le 15 janvier 1766, à se dire et qualifier « Chevalier ». Lequel titre nous attachons à toujours aux biens indiqués dans notre décret du 25 février 1809. Lesquels biens consistent en terres labourables, rentes emphytéotiques et dixmes, le tout dépendant du domaine de la Rhentmeisterey de Marbourg, situés commune, canton et district de Marbourg, département de la Werra, ainsi que le tout sera plus amplement désigné dans les lettres d'investiture qui seront délivrées par notre cousin le prince Archi-Chancelier de l'Empire.

» Voulons que ledit titre de chevalier et les biens que nous y attachons soient transmis, après le décès dudit sieur P...., à sa descendance directe et légitime, soit naturelle, soit adoptive, de mâle en mâle par ordre de primogéniture.

» Voulons que lesdits biens soient possédés aux mêmes

conditions que les biens affectés par nous à des majorats. En conséquence, déclarons qu'ils sont inaliénables, à moins que l'aliénation n'en ait été approuvée par notre conseil du Sceau des titres, dans les formes déterminées par notre second statut et à la charge de remploi; qu'il ne peuvent être engagés ni hypothéqués; que la jouissance de ces biens ne peut être assignée à d'autres charges que celles mentionnées dans les articles composant la seconde section du titre III du même statut; que dans le cas d'extinction de la descendance masculine, directe et légitime, soit naturelle soit adoptive dudit sieur P...., lesdits biens feront retour à nous et à nos successeurs et que le droit de retour s'exercera sur les biens spécifiés dans notre décret du 25 février 1809 et ci-dessus indiqués, ou ceux qui auraient pu être acquis en remploi.

» Voulant que ledit sieur P...., et ceux appelés après lui à recueillir ledit titre et les biens qui y sont attachés soient reconnus partout en ladite qualité de chevaliers et qu'ils jouissent des honneurs attachés à ce titre après qu'ils auront prêté le serment par l'article 37 de notre second statut du 1ᵉʳ mars 1808 devant celui ou ceux qui seront par nous délégués à cet effet; qu'ils puissent porter en tous lieux les armoiries et écussons tels qu'ils sont figurés et coloriés aux présentes : « D'argent à l'épée haute en pal de gueules, chargée d'une fasce d'azur à trois étoiles d'argent; bordure de gueules du tiers de l'écu, au signe des Chevaliers ». Pour livrées rouge, bleu et blanc.

» Chargeons notre cousin le prince Archi-Chancelier de l'Empire de donner communication des présentes au Sénat et de les faire transcrire sur ses registres. Enjoignons à notre grand Juge, Ministre de la Justice, d'en surveiller l'insertion au *Bulletin des Lois;* mandons à nos Procureurs généraux près nos Cours d'appels, à nos Procureurs impériaux sur les lieux de les faire publier et enregistrer à la Cour d'appel et au domicile dudit sieur P.... et partout où besoin sera.

» Car tel est notre bon plaisir. Et afin que ce soit une chose ferme et stable à toujours, notre cousin le prince Archi-Chancelier de l'Empire y a fait apposer par nos ordres notre grand sceau, en présence de notre conseil du Sceau des titres.

» Donné en notre palais de Fontainebleau, le 11 novembre de l'an de grâce 1809.

» NAPOLÉON.

» Scellé le 17 novembre 1809.

» *Le prince Archi-Chancelier de l'Empire,*

» CAMBACÉRÈS.

» Enregistré au conseil du Sceau des titres. R. Ch., tome II, page 18.

» Le baron DUDON.

» Transcrit sur les registre du Sénat, le 8 décembre 1809.

» *Le Chancelier du Sénat,*

» Comte LAPLACE. »

Ainsi le Premier Empire a fait neuf princes, trente deux ducs, tous avec des majorats de propre mouvement.

Il créa trois cent quatre-vingt-huit comtes, dont quatre-vingt reçurent des majorats de propre mouvement et quarante-deux s'en constituèrent volontairement, il n'y eut donc que cent vingt-six comtes héréditaires. Il institua mille quatre-vingt-dix barons, dont trois cent quatre avec dotations impériales et cent soixante-quatre avec majorats sur demande; sait donc quatre cent soixante-huit barons héréditaires.

Parmi les Chevaliers de l'Empire qu'il créa, 900 environ seulement rendirent leur titre héréditaire par la constitution d'un majorat, ou en recevant une dotation impériale.

CHAPITRE V

LES PRINCES ET LES DUCS DE L'EMPIRE

« ... La Révolution leur criait : Volontaires,
Mourez pour délivrer tous les peuples, vos frères !
Contents, ils disaient oui.
Allez mes vieux soldats, mes généraux imberbes,
Et l'on voyait marcher ces va-nu-pieds superbes
Sur le monde ébloui !

(VICTOR HUGO, *Les Soldats de l'an II*).

Il paraît utile de donner ici quelques renseignements sur les neuf princes et les trente-deux ducs créés par Napoléon Ier et un résumé de leurs services envers l'Etat.

**

LES PRINCES DE L'EMPIRE

TALLEYRAND, prince et duc de Bénévent. La figure de Charles-Maurice de Talleyrand-Périgord, prince et duc de Bénévent, est trop connue pour qu'il soit nécessaire de s'étendre sur sa vie. Il était né à Paris le 17 février 1754. Il mourut dans la même ville le 17 mai 1838. Il appartenait à l'illustre famille des comtes et ducs de Périgord.

D'abord destiné à l'état ecclésiastique et en même temps très admirateur de Voltaire, il fut évêque d'Autun, à la veille de la Révolution, avec un revenu de quatre-vingt mille livres. Député aux États-Généraux, ambassadeur, grand chambellan, quatre fois ministre des Affaires étrangères, il servit tous les régimes.

Talleyrand était vice-grand électeur de l'Empire et Napoléon le créa prince et duc de Bénévent par des lettres-patentes du 5 juin 1806; à la Restauration, il déclara renoncer au titre de prince de Bénévent par déférence disait-il, pour le Saint-Siège, propriétaire de ce fief.

Les Bourbons étant restaurés dans le royaume des Deux-Siciles, le roi Ferdinand de Naples le créa duc de Dino et il transmit ce titre à un de ses neveux. Il mourut sans descendance.

DAVOUT, prince d'Eckmühl, d'abord duc d'Auërstaedt. Le prince d'Eckmühl était né dans l'Yonne, le 10 mai 1770. Il est mort à Paris, le 13 mai 1823. Il appartenait à une famille noble et cependant, dès avant 1789, il était connu parmi les siens par ses idées libérales. Davout ne renia jamais ces sentiments. Parmi tous les compagnons de l'Empereur, il fut l'un des plus fidèles d'entre eux et après Waterloo, il dut à cette fidélité de commander l'armée retirée à Orléans, derrière la Loire. Davout, général à vingt-trois ans, fut investi en 1808 du titre de duc d'Auërstaedt, en mémoire de la victoire de ce nom, remportée par lui le jour même où les français étaient vainqueurs à Eylau. Davout fut sur le point d'être roi de Pologne. Les desseins du Maître, la répugnance elle-même de Davout à quitter définitivement son pays pour un pays étranger, même au prix d'une couronne, empêchèrent qu'il en fut ainsi.

Pendant trois jours entiers, avec deux divisions, il lutte à Eckmühl contre l'armée autrichienne tout entière.

Il fut investi le 15 août 1809 du titre de prince d'Eckmühl. en récompense de la part glorieuse qu'il avait prise à la bataille de ce nom.

Le prince d'Eckmühl est mort, maréchal de France (31 août 1817), pair de France (1819), laissant un fils héritier de sa pairie. Son titre de duc d'Auërstaedt fut relevé par Napoléon III au profit de l'un de ses neveux sans conditions de majorat, et ce après l'extinction de la descendance mâle du maréchal.

MASSÉNA, prince d'Essling, duc de Rivoli. Celui que l'Empereur devait appeler l'Enfant chéri de la victoire et qui devait être l'un des plus grands capitaines modernes, était né à Nice, dans une très modeste condition, en 1758. Il devait mourir à Paris le 7 avril 1817.

La victoire de Rivoli (9 janvier 1797), celle plus éclatante encore de Zurich (26 septembre 1799), sont trop connues pour que l'on doive s'y étendre. Maréchal de France, il fut investi du titre de duc de Rivoli, avec deux dotations, l'une de 70.000 francs de revenus le 3 février 1810, l'autre de 80.000 francs le 17 février de la même année.

Sa conduite à la bataille d'Essling, au village d'Aspern, pris et repris quatorze fois en trois jours par les Français, lui valut le titre de prince d'Essling.

Il avait refusé de siéger dans le procès du maréchal Ney. La noblesse de son caractère était en rapport avec les titres impériaux qu'il reçut.

Le prince BORGHÈSE, prince de Guastalla. Le beau-frère de l'Empereur, Camille Borghèse, était né le 8 août 1775. Le 28 août 1803 il épousa Marie-Pauline Bonaparte, sœur de Napoléon, veuve du général Leclerc.

Il fut créé prince et duc de Guastalla par décret impérial du 30 mars 1806. Le prince Camille Borghèse était issu de la famille princière de ce nom, originaire de Sienne et son élévation datait du commencement du XVIIe siècle, époque du pontificat de Paul V.

Le prince Camille Borghèse, prince de Sulmona et de Rossano, mourut sans postérité Son héritier fut son frère. François, écuyer de l'Empereur, et à qui Napoléon avait également donné le titre de prince français.

NEY, prince de la Moskowa, duc d'Elchingen. Le « brave des braves » était né à Sarrelouis (Moselle), le 10 janvier 1769. Il mourut le 7 décembre 1815, victime de la vengeance des royalistes, entourée de quelques formes légales, alors que la France était ensanglantée par les excès des émigrés et que le corps du maréchal Brune « ... assassiné à Avignon et jeté dans le Rhône, n'avait pas encore été retrouvé... »

Général à 17 ans, c'est pendant la campagne de 1796 qu'il sauva d'un châtiment mérité un grand nombre d émigrés, pris les armes à la main et combattant contre leur patrie.

On sait quel mépris avaient pour lui et pour sa femme les nobles pendant la première Restauration. Quand Ney prit le parti de se joindre à l'Empereur, revenant de l'Ile d'Elbe, il l'annonçait à sa femme et sa lettre se termine ainsi :

« ... Mon amie, tu ne pleureras plus en sortant des Tuileries. »

Le nombre des batailles, je dirai des victoires de Ney, pendant toutes les guerres de la République et de l'Empire, est considérable. Celui que ses soldats avaient nommé l'infatigable ou le brave des braves, le fils du tonnelier alsacien, fut Maréchal de l'Empire, Grand-Aigle de la Légion d'honneur, chef de la septième cohorte de la Légion, Grand-Croix du Christ du Portugal.

Après la bataille d'Elchingen, au gain de laquelle il contribua glorieusement, il reçut le titre de duc d'Elchingen, avec deux dotations, l'une de 100.000 francs (26 novembre 1808) et l'autre de 83.000 francs (10 juin 1809).

La bataille de la Moskowa lui valut le titre de prince de la Moskowa.

Les quatre fils du prince de la Moskowa soutinrent la gloire de leur nom et portèrent les titres conférés à leur père conformément aux statuts de 1808.

Ce furent : 1º Napoléon-Joseph, prince de la Moskowa, général, pair de France, député à l'Assemblée législative et aussi compositeur de musique ; 2º Michel-Louis-Félix, duc d'Elchingen, général, député, il mourut pendant la campagne de Crimée ; 3º Eugène, comte Ney, fut diplomate ; 4º et Napoléon-Henri-Edgard, prince de la Moskowa, après la mort, sans descendance masculine de son frère, fut député de la Charente-Inférieure et général de division.

BERTHIER, prince de Neufchâtel et Vallengin, prince de Wagram, était né à Versailles en 1753 et mourut en 1815. Son histoire est liée à celle de Napoléon Ier. Il le suivit dans toutes ses campagnes, en qualité de chef d'état-major général. Le maréchal Berthier avait épousé la nièce du roi de Bavière. Il fut Vice-Connétable de l'Empire, Ministre de la Guerre à plusieurs reprises. L'Empereur l'investit du titre de prince et duc souverain de Neufchâtel et Vallengin, sous le nom d'Alexandre Ier (31 octobre 1806) avec deux dotations, l'une de 18.000 francs, l'autre de 141.000 francs (le 13 octobre 1808) et de celui de prince de Wagram (1809). A la Restauration il devint pair de France par ordonnance royale du 4 juin 1814.

BERNADOTTE, prince de Ponte-Corvo, plus tard roi de Suède, sous le nom de Charles XIV.

Bernadotte est le seul des soldats de Napoléon, qui devenu roi, ait laissé sur le trône sa descendance et sa dynastie. Et l'on peut ajouter que c'est presque contre le gré de l'Empereur.

Jean-Baptiste-Jules Bernadotte, fils d'un avocat, était né à Pau le 26 janvier 1764. Il mourut à Stockolm, dans sa capitale, en 1844.

Général en 1792 (il avait 28 ans), maréchal de France, ambassadeur, il combattit glorieusement les ennemis de l'extérieur et de l'intérieur.

Il avait épousé Mlle Clary, belle-sœur de Joseph-Bonaparte, roi d'Espagne. Le 5 juin 1806 il fut investi du titre de prince de Ponte-Corvo, avec une dotation de 124.000 fr. (19 décembre 1809) et de 100.000 francs (23 février 1810).

Proclamé prince héritier de Suède par les Etats du Royaume le 21 août 1810, il oublia en 1812 et 1813 qu'il était Français et combattit ses anciens compagnons d'armes. Le 5 février 1818 il devint roi de Suède à la mort de son père adoptif Charles XIII.

CAMBACÉRÈS, prince et duc de Parme. Jean-Jacques-Régis de Cambacérès était né à Montpellier en 1759. Il mourut à Paris en 1824.

Issu d'une famille de noblesse de robe, sa gloire principale est sa collaboration au Code civil où d'ailleurs il fit entrer tout ce qu'il tenait lui-même du jurisconsulte Pothier.

Deuxième Consul après le 18 brumaire, il s'attache définitivement à la fortune de Napoléon. Il fut nommé successivement archi-chancelier de l'Empire, président perpétuel du Sénat, prince et duc de Parme, avec une dotation de 150.000 francs par décret du 12 Juillet 1808. Grand-Aigle de la Légion d'honneur, conseiller d'Etat, Altesse Sérénissime, membre de la Haute-Cour impériale, grand commandeur de la Couronne de fer.

Bien qu'il n'eût pas voté la mort de Louis XVI, à la Restauration, il fut exilé comme régicide. Néanmoins il rentra en grâce en 1818 et reçut le titre de duc de Cambacérès à la place de celui de duc de Parme.

.*.

LES DUCS DE L'EMPIRE

JUNOT, duc d'Abrantès. Jean-Andoche Junot était né dans la Côte-d'Or en 1771. Il mourut dans son pays natal en 1813.

Parti grenadier dans un bataillon de volontaires de la Côte-d'Or, sa bravoure le fit parvenir au grade de général de division, mais il ne fut pas compris dans la création des maréchaux de France. Il fut successivement colonel-général de hussards (1804), ambassadeur au Portugal (1805), et dirigea la conquête de ce royaume A son retour, l'Empereur l'investit du titre de duc d'Abrantès avec deux dotations, l'une de 40.000 francs et l'autre de 35.000 francs par décret du 14 janvier 1809. La duchesse d'Abrantès, sa femme, descendait de la famille impériale des Comnène, qui avait fourni neuf empereurs à Constantinople. Elle fut connue comme femme de lettres à l'époque de la Restauration.

SUCHET, duc d'Albuféra. Louis-Gabriel Suchet, fils d'un industriel de Lyon, destiné lui-même à l'industrie, était né à Lyon le 2 mars 1770. Il mourut près de Marseille le 3 janvier 1826.

Engagé volontaire à 20 ans, il était maréchal de France

le 8 juillet 1811. Son plus beau titre de gloire est la campagne d'Espagne et la façon dont il gouverna le pays conquis. Il avait reçu le 8 février 1806 une dotation de 20.000 francs. Par décret du 19 mars 1808, l'Empereur l'investit du titre de comte de l'Empire, et après la capitulation de Valence il fut créé duc d'Albuféra le 24 juin 1812, avec la propriété des domaines de ce nom et ses immenses dépendances.

Pair de France en 1814, commandant de l'armée des Alpes en 1815, il fut exclu de la pairie, mais réintégré ensuite dans sa dignité.

MARET, duc de Bassano. Hugues-Bernard Maret fut un serviteur actif, soumis et fidèle de Napoléon, ses fonctions furent multiples près de l'Empereur.

Né à Dijon, le 1er mars 1763, il meurt à Paris, le 13 mai 1839. Fils d'un médecin célèbre il se destinait au au droit et fut avocat. Les événements firent de lui un journaliste, un ambassadeur, un ministre de la Guerre et des Relations extérieures. Il fut membre de l'Académie française, mais il en fut exclu par l'ordonnance royale de 1816.

Maret fut investi du titre de duc de Bassano par décret impérial du 15 août 1805 avec quatre dotations : deux de 20.000 francs chacune (3 juin 1809), une de 60.000 francs (25 août 1810) et l'autre de 19.785 fr. 82 centimes, le 29 janvier 1811.

En 1823 un curieux procès lui fut fait par le duc d'Orléans qui lui réclamait des actions des canaux d'Orléans et du Loing, que l'Empereur avait donné au duc de Bassano pendant les Cent-Jours.

Cette dotation, faite sur le domaine extraordinaire, n'avait probablement pas été régularisée au moyen de la constitution d'un majorat, où la seconde Restauration tenait pour non avenues les dotations faites par l'Empereur depuis son retour de l'Ile d'Elbe ? Le duc de Bassano dut restituer les actions.

Pair de France pendant la première Restauration, il fut exilé pendant la seconde et ne revint en France qu'en 1819. Après 1830, le duc de Bassano devint ministre de l'Intérieur et même président du Conseil des ministres.

Victor PERRIN, duc de Bellune. Claude-Victor Perrin était de condition très modeste. Il avait été épicier. Sa bravoure en fit un maréchal de France, un ambassadeur, un gouverneur de Berlin après Iéna ; pair de France à la Restauration, il suivit le Roi à Gand et oublia après Waterloo son extraction roturière. renia quelque peu ses compagnons d'armes et apparut comme un champion du droit divin.

L'Empereur l'avait créé duc de Bellune en 1807.

CHAMPAGNY, duc de Cadore. Jean-Baptiste Nompere de Champagny était né à Roanne, dans la Loire, en 1756, d'une famille noble. Il est mort en 1834. C'est l'un des rares députés de la noblesse aux Etats-Généraux qui en 1791 protesta contre l'abolition des titres de noblesse.

Tour à tour conseiller d'Etat, ambassadeur à Vienne, ministre de l'Intérieur, ministre des Affaires étrangères, intendant de la Couronne, sa principale gloire consiste à avoir négocié le mariage de l'Empereur avec l'archiduchesse Marie-Louise.

Il était Grand-Aigle de la Légion d'honneur. L'Empereur l'avait investi du titre de comte de l'Empire, puis, par le décret du 15 août 1809, du titre de duc de Cadore, avec deux dotations : l'une de 20.000 francs de rente (10 février 1810) et l'autre de même somme (17 février suivant).

Il fut l'un de ceux qui renièrent avec la plus grande désinvolture leur bienfaiteur, bien qu'en 1815 il fut en disgrâce auprès des Bourbons.

En 1819, Louis XVIII lui conféra le titre de baron-pair (3 novembre 1820).

AUGEREAU, duc de Castiglione. Pierre-François-Charles Augereau était fils d'un domestique et malgré son élévation et son courage, conserva toujours quelque chose de cette extraction. Il naquit à Paris en 1757. Il mourut en 1816. Général de division en l'an VIII, maréchal d'Empire en l'an XII, Grand-Aigle de la Légion d'honneur, chef de la quinzième cohorte, grand dignitaire de l'ordre de la Couronne de fer, Augereau s'était distingué brillamment à Lodi, à Arcolé, à Iena, à Eylau, en Espagne, à Leipzig. Il fut créé duc de Castiglione le 7 février 1809, avec une dotation de 80.000 francs. Augereau fut pair de France pendant la première restauration.

Augereau étant décédé sans postérité, son majorat fit retour au Domaine extraordinaire et Louis XVIII crut pouvoir faire don de ces biens à la fille de Bonchamp, chef d'insurgés vendéens.

MURAT, duc de Clèves et Berg. Joachim Murat, fils d'un aubergiste, roi de Naples le 15 juillet 1808 sous le nom de Joachim-Napoléon; beau-frère de l'Empereur, il avait été comblé d'honneurs par Napoléon. Il fut maréchal de l'Empire (1804). prince français, grand amiral (1805).

Après Austerlitz, l'empereur l'investit du titre de duc Clèves et de Berg, avec souveraineté de ces états (20 février 1806).

MONCEY, duc de Conegliano. Rose-Adrien-Jeannot de

Moncey était fils d'un avocat. Né en 1754 et mort en 1842. Ses plus beaux titres de gloire sont ses campagnes en Espagne, sa défense de Paris en 1814 contre les troupes alliées, son fier refus de siéger lors du procès du maréchal Ney.

L'Empereur le fit maréchal d'Empire en 1804 et duc de Conegliano en 1808. Le maréchal Moncey mourut sans descendance masculine, mais son gendre, Alphonse-Auguste Duchesne, baron de Gillevoisin, fut autorisé par lettres-patentes du 10 décembre 1825 à relever le titre de duc de Conegliano.

D'ALBERG Emmerich-Joseph était fils du baron Wolfgang-Héribert d'Alberg, d'une très ancienne famille noble d'Allemagne. Il se trouvait français, comme étant né dans une partie de l'Allemagne conquise. Le baron d'Alberg était né à Mayence le 31 mai 1775. Il mourut en 1833. Napoléon Ier en fit un conseiller d'Etat et le créa duc d'Alberg en récompense de la part qu'il avait prise dans les négociations préliminaires au mariage de l'Empereur avec avec l'archiduchesse Marie-Louise.

Membre du gouvernement provisoire lors des événements de 1814, la Restauration en avait fait un Pair de France en 1815.

SOULT, duc de Dalmatie. Jean-de-Dieu Soult, fils d'un notaire du Tarn, était né en 1769. Il mourut le 26 novembre 1851.

Général à 25 ans, maréchal de France le 19 mai 1804. Soult avec les plus grandes qualités militaires servit tous les royaumes avec une égale sérénité. Soult était commandant du 4e corps de la Grande Armée, colonel-général de la Garde impériale, Grand-Aigle de la Légion d'honneur, chevalier de la Couronne de fer.

L'Empereur le créa duc de Dalmatie avec trois dotations la première de 50.000 francs (16 décembre 1808), la seconde de 40.000 francs (7 janvier 1809) et la troisième de 53.000 francs (même décret du 7 janvier 1809).

A la Restauration, le duc de Dalmatie crut pouvoir étaler des principes aristocratiques et légitimistes, bien qu'il ait été banni quelques années. Pair de France, président du Conseil en 1840, il n'était pas de dignité qu'il n'ait eue, lorsqu'il se fit donner le titre de maréchal-général, que seuls, Turenne, le maréchal de Villars et le maréchal de Saxe avaient porté.

LEFEBVRE, duc de Dantzick. Le maréchal Lefebvre, duc de Dantzick, comme sa femme, étaient d'extraction très modeste, au point que le théâtre s'est emparé d'eux et a mis en relief l'opposition entre la naissance modeste du duc et de la duchesse de Dantzik et les honneurs dont ils furent revêtus.

François-Joseph Lefebvre était né en Alsace, le 25 octobre 1755. Il était fils d'un meunier, sa femme avait été blanchisseuse.

La faveur impériale l'avait distingué en raison de la part qu'il avait prise au 18 brumaire.

Maréchal d'Empire, sénateur le 1er mars 1800, préteur du Sénat, Grand-Aigle de la Légion d'honneur et chef de la neuvième cohorte, l'Empereur le fit duc de Dantzick, le 28 mai 1807, à la suite de la prise de cette ville.

Des quatorze enfants du maréchal, dont douze fils, pas un ne lui survécut, et le titre s'éteignit.

Le duc DECRÈS. Denis Decrès était né dans le département de la Marne, en 1762. Contre-amiral le 16 avril 1797, Decrès est connu par ses actions d'éclat, sa défense de l'île de Malte contre les Anglais. L'amiral Decrès fut nommé préfet du quatrième arrondissement maritime à Lorient et dirigea la marine de l'Empire comme ministre, pendant treize années (du 1er octobre 1801 au 30 mars 1814) puis du 21 mars au 8 juillet 1815.

Vice-amiral, chef de la dizième cohorte de la Légion d'honneur et grand-officier le 10 mars 1804; inspecteur général des côtes de la Méditerranée le 1er février 1805, l'Empereur l'avait investi du titre de comte, puis de duc de l'Empire, sans qu'à ce titre ait été ajouté le nom d'un domaine ou d'une victoire.

Le duc Decrès mourut à Paris en 1820 sans laisser de descendance.

NEY, duc d'Elchingen.

Nous avons vu, en parlant des princes de l'Empire, que le maréchal Ney, prince de la Moskowa, avait reçu de Napoléon Ier en premier lieu le titre de duc d'Elchingen.

CLARKE, comte d'Hunebourg, duc de Feltre.

Henri-Jacques-Guillaume Clarke était né dans le Nord, en 1765, d'une famille originaire d'Irlande; il mourut le 28 octobre 1818 en Alsace.

Clarke est connu par sa brillante défense de l'île de Walcheren, et aussi, il faut le dire, par ses persécutions sous la Restauration contre ses anciens compagnons d'armes.

Clarke ne dut qu'à la Restauration son titre de maréchal de France. Il fut ministre de la guerre de l'Empire du 9 août 1807 au 3 avril 1814 et du 12 mars au 12 juillet 1815.

L'Empereur l'avait fait Grand-Aigle de la Légion d'honneur, d'abord comte d'Hunebourg, puis duc de Feltre, le 19 décembre 1809, avec une dotation de 40.000 francs.

DUROC, duc de Frioul. Gérard-Christophe-Michel Duroc était Lorrain, né en 1771. Duroc mourut sur le champ de bataille de Wurtzen, pendant la campagne d'Allemagne, le 22 mai 1813.

Bien que militaire, il avait servi fidèlement l'Empereur dans maintes missions diplomatiques.

Il avait été grand-maréchal du Palais, Grand-Aigle de la Lég on d'honneur, président du Collège électoral du département de la Meurthe.

L'Empereur le fit duc de Frioul en 1806, en souvenir de la prise de Gradisca, dans le Frioul (23 septembre 1896), avec deux dotations, l'une de 50.000 francs (13 octobre 1808) et le seconde de 85.000 (le 11 mars 1809).

Il mourut sans postérité masculine et son titre n'a pas été relevé.

GAUDIN, duc de Gaëte. Les services que Martin-Michel-Charles Gaudin, né près de Paris en 1756, rendit à l'Etat sont des services purement civils. Ils furent importants, Gaudin eut l'unique fortune d'être le Ministre des Finances de l'Empire depuis le 18 brumaire jusqu'en 1814, époque de la première abdication de Napoléon et reprit son portefeuille pendant les Cent-Jours.

Les réformes qu'il adopta, les organisations qu'il créa ont subsisté jusqu'à nos jours.

L'Empereur le créa Grand-Aigle de la Légion d'honneur, duc de Gaëte (30 mars 1806) avec deux dotations, l'une de 20.000 francs (20 janvier 1809), et l'autre de même somme de 20.000 francs (8 avril suivant, 1809).

Le duc de Gaëte étant mort sans postérité, son titre s'éteignit avec lui en 1841.

BESSIÈRES, duc d'Istrie. Jean-Baptiste Bessières était né dans le midi en 1768. Il mourut tué d'un boulet à la bataille de Lutzen (1er mai 1813).

Bessières prit part d'une façon brillante à toutes les campagnes et à toutes les victoires de la République et de l'Empire, sans que jamais rien put ternir sa gloire.

L'Empereur l'avait fait maréchal de l'Empire (1804), colonel-général commandant la cavalerie de la Garde Impériale, Grand-Aigle de la Légion d'honneur et duc d'Istrie, avec deux dotations, l'une de 53.000 francs et l'autre de 50.000 francs (24 juin 1809).

RÉGNIER, duc de Massa et Carrara. Le Lorrain Claude-Ambroise Régnier, né le 6 avril 1736 et mort à Paris le 24 juin 1814, avait déjà un passé au moment de la Révolution. Sa fortune sous l'Empire vient de la part qu'il prit au 18 brumaire et à l'établissement de l'Empire. Régnier fut Ministre de la Justice ou grand Juge, du 14 septembre 1802 au 20 novembre 1813 (soit onze ans). L'Empereur l'avait fait Grand-Aigle de la Légion d'honneur et comte de l'Empire, avec deux dotations, l'une de 20.000 francs (31 décembre 1808), l'autre de même somme de 20.000 francs (24 mars 1809), puis duc de Massa di Carrara, avec une dotation de 60.000 francs (8 décembre 1810).

Le fils aîné du duc de Massa, Nicolas-François-Sylvestre, auditeur au Conseil d'Etat, secrétaire général du conseil du Sceau des titres, fut investi du titre de comte en vertu des statuts de 1808, sous la nomination de comte de Gronau.

LANNES, duc de Montebello. Jean Lannes était né à Lectoure, dans le département du Gers. Il fut tué à la bataille d'Essling, le 22 mai 1809. Il était fils d'un garçon d'écurie. Il devait s'élever aux grands honneurs et sa vie, terminée si glorieusement, peut être résumée par ce qu'en a dit l'Empereur à Sainte-Hélène : « Il s'était trouvé dans cinquante » combats isolés, et à cent batailles plus ou moins impor- » tantes… »

L'enrolé volontaire de 1792 fut créé maréchal de France (1804), colonel-général des Suisses, Grand-Aigle de la Légion d'honneur, chef de la neuvième cohorte, et duc de Montebello.

C'est à son fils mineur, Napoleon Lannes, duc de Montebello, que l'Empereur conféra un majorat de 100.000 francs le 3 mars 1810.

FOUCHÉ, duc d'Otrante. Joseph Fouché, né en 1763 à Nantes, mort en 1820, était le fils d'un armateur nantais. Il s'était destiné à l'enseignement et fit partie de la Congrégation de l'Oratoire. Cela ne l'empêcha pas de montrer les idées des plus avancées, lorsque, membre de la Convention, il eut à voter la mort de Louis XVI. ou que, délégué par la Convention, il eut à réprimer l'insurrection Lyonnaise, et organisa les fusillades des Brotteaux.

Lorsque l'étoile naissante de Bonaparte se leva, l'ancien terroriste s'attacha à la fortune du jeune général. Son rôle comme ministre de la Police, à deux reprises différentes, est connu. Il était Sénateur et titulaire de la Sénatorerie d'Aix (14 septembre 1802).

Fouché avait appuyé l'idée de créer une nouvelle noblesse. L'Empereur le fit successivement comte de l'Empire et duc d'Otrante (15 août 1809) avec deux dotations de 20.000 francs chacune (9 décembre 1809).

Ministre de la Police générale sous Louis XVIII, après Waterloo, il dut donner sa démission la même année ; puis en 1816 il fut compris avec les autres régicides dans la loi de banissement, et mourut en exil. Il avait épousé en second mariage Mlle de Castellane.

MORTIER, duc de Trévise. Edouard-Adolphe-Casimir-Joseph Mortier était né au Cateau-Cambresis, dans le Nord. Il est mort en 1835.

Il se destinait au commerce lorsque les événements en firent un soldat.

Adjudant-général en 1793, il avait 25 ans. Six ans plus tard il était général de division (1799).

Mortier prit une part des plus brillantes à toutes les campagnes de la République et de l'Empire, l'Empereur le créa maréchal de France (1804).

Le maréchal Mortier tomba aux côtés de Louis-Philippe, frappé mortellement par la machine de Fieschi.

Il avait été créé duc de Trévise en 1809, avec dotation de 100.000 francs, puis baron-pair à la Restauration (16 juillet 1824).

MACDONALD, duc de Tarente. Jacques-Etienne-Joseph-Alexandre Macdonald était né en France en 1765 d'une famille noble Ecossaise, son histoire est celle de la plupart des maréchaux de Napoléon Ier.

Général de brigade à 30 ans, de division à 31, l'Empereur le fit maréchal de France sur le champ de bataille de Wagram; la même année il fut investi du titre de duc de Tarente (7 juillet 1809).

A la Restauration, il fut créé Pair de France (4 juin 1814) et sa pairie fut instituée héréditairement, sous le titre de duc de Tarente (lettres-patentes du 28 février 1818 et du 23 juin 1829).

Il mourut le 1er octobre 1840 en transmettant son titre de duc de Tarente à son fils unique, Alexandre Macdonald, né le 11 novembre 1824, issu de son mariage avec Mlle de Bourgoing.

CAULAINCOURT, duc de Vicence. Armand-Augustin-Louis, marquis de Caulaincourt, était le fils du maréchal de camp, marquis de Caulaincourt. Il était né en Picardie, en 1772, il mourut en 1827, à Paris.

Le marquis de Caulaincourt était entré au servie en 1787, il avait 15 ans, il était général de division en 1805

Successivement grand écuyer de l'Empereur, Grand-Aigle de la Légion d'honneur, ministre des Relations extérieures du 20 novembre 1813 au 2 avril 1814, puis du 21 mars au 22 juin 1815, ambassadeur à Saint-Pétersbourg, sénateur (1813), Caulaincourt mérita que l'Empereur dise de lui à Saint-Hélène : « Caulaincourt est un homme de » cœur et de droiture. »

L'Empereur l'avait créé duc de Vicence (1806), avec quatre dotations, l'une de 50.000 francs (18 février 1809), la seconde de même somme (4 mars 1809), la troisième de 66.000 francs (même date) et la quatrième de 19.000 francs (3 juin 1809).

Son frère, Auguste-Jean-Gabriel, général de brigade, baron de l'Empire (avec une dotation de 4.000 francs, décret du 3 mars 1810), fut tué par un boulet sur le champ de bataille de la Moskowa.

LEBRUN, duc de Plaisance. Charles-François Lebrun était né en Normandie en 1739. Il avait déjà un passé politique au moment de la Révolution. Sa fortune date du 18 brumaire.

Lebrun ne fut pas qu'un homme politique, mais encore un littérateur, un homme du monde.

Ses titres sont nombreux : membre de l'Assemblée constituante, du conseil des Cinq-Cents, troisième Consul de la République après brumaire, membre de l'Institut, Altesse Sérénissime, archi-trésorier de l'Empire.

Lebrun aurait été opposé au rétablissement de la noblesse. Cependant il accepta d'être investi du titre de duc de Plaisance (30 mars 1806) avec une dotation de 150.000 francs (décret du 12 juillet 1808).

La Restauration en fit un pair.

Son fils, Charles-Auguste, né en 1775, mort en 1859, général de division, député de Seine-et-Marne, aide-de-camp de l'Empereur, sénateur, pair de France à la mort de son père (16 juin 1824) avait été investi du titre de baron de l'Empire, conformément aux statuts de 1808, avant de recueillir celui de duc de Plaisance.

OUDINOT, duc de Reggio. Le lorrain Nicolas-Charles Oudinot, né en 1767, mort en 1847, était le fils d'un commerçant et se destinait lui-même au commerce. Mais « le Bayard de l'armée » comme l'Empereur devait l'appeler par la suite avait une autre vocation.

Général de brigade en 1794, il prit part à toutes les campagnes impériales. Son rôle à Friedland lui valut le titre de comte de l'Empire. A la suite de Wagram il reçut le bâton de maréchal de France et l'Empereur l'investit du titre de duc de Raguse (15 août 1809), avec une dotation de 100.000 francs.

C'est en grande partie à lui qu'on dut le succès des armes françaises pendant la campagne d'Espagne de 1823.

La Restauration l'avait fait pair de France. De ses deux mariages, avec Mlle Derlin et une demoiselle de Coucy, le maréchal avait eu 11 enfants, 4 fils et 7 filles. De ses 4 fils, Nicolas- Charles-Victor Oudinot, l'aîné, général, député, commandant les troupes françaises contre la

République romaine de 1840 porta le titre de duc de
Reggio.

DAVOUT, duc d'Auërstaedt.

MASSÉNA, duc de Rivoli.

NEY, duc d'Elchingen.

Nous avons donné ci-dessus aux princes de l'Empire, la
biographie du maréchal Davout, duc d'Auërstaedt, prince
d'Eckmühl; du maréchal Masséna, duc de Rivoli, prince
d'Essling, et du maréchal Ney, duc d'Elchingen, prince de
la Moskowa.

ARRIGHI, duc de Padoue. Ce n'est pas seulement sa parenté
avec la mère de Napoléon Ier, mais sa bravoure, qui fut
cause de la fortune de Jean-Toussaint Arrighi de Casanova,
né en Corse en 1778, mort le 22 mars 1853.

L'Empereur le fit général de division à Essling et duc
de Padoue avec un revenu de 300.000 francs.

Son fils, Louis-Honoré-Hyacinthe-Ernest, sénateur, préfet,
maître des requêtes au Conseil d'Etat, quelque temps
ministre, avatt recueilli son titre de duc de Padoue.

MARMONT, duc de Raguse. Auguste-Frédéric-Louis Viesse
de Marmont était issu d'une très ancienne famille noble et
se destinait à la magistrature. Son goût le poussait vers
l'armée.

Sa carrière militaire jusqu'en 1814 fut la plus brillante.
Le 14 juin 1804 l'Empereur l'avait fait grand-officier de
la Légion d'honneur, grand-aigle le 2 février 1805, ensuite
colonel-général des chasseurs à cheval. Napoléon l'investit
du titre de duc de Raguse en 1807, en souvenir de la brillante défense des provinces illyriennes contre les Russes

et les Monténégrins, avec deux dotations : l'une de 24.000 francs (11 février 1809) et l'autre de 21.000 francs (8 avril 1809).

Il ne nous appartient pas ici de juger son rôle en 1814, rôle qui amena l'abdication de l'Empereur et que Thiers dans l'*Histoire du Consulat et de l'Empire*, a raconté avec détails. Marmont dans ses *Mémoires* a essayé longuement d'expliquer sa conduite.

Le duc de Raguse commandait en chef les troupes royales en 1830 et fut chargé de défendre la Royauté et les fameuses ordonnances contre le peuple soulevé. Il était suspect même à ceux qu'il servait et qui lui devaient un trône, et tenu à l'écart par ses anciens amis.

Il avait été créé pair de France par ordonnance du 4 juin 1814 et sa pairie instituée militairement sous le titre de duc de Raguse, par lettres-patentes du 18 février 1818 et du 22 mai 1820.

Il mourut sur la terre étrangère en 1852. Son titre s'éteignit avec lui.

SAVARY, duc de Rovigo. Anne-Jean-Marie-René Savary était un ardennais né le 26 avril 1774.

Engagé à 16 ans, général de division en 1805, Savary est surtout connu par sa fidélité à l'Empereur, par son rôle de ministre de la police générale et par les nombreuses missions de confiance dont le maître le chargea.

Savary à la tête du 5ᵉ corps d'armée, pendant la campagne de 1807, avait remporté sur les Russes la victoire d'Ostrolenka.

L'Empereur l'avait créé duc de Rovigo avec une dotation de 50.000 francs le 28 septembre 1808.

Son fils, héritier de son titre, Marie-Napoléon-René Savary, duc de Rovigo, fut un littérateur distingué.

KELLERMANN, duc de Valmy. François-Christophe Kellermann, né à Strasbourg le 28 mai 1735, était maréchal de camp au moment de la Révolution.

La victoire de Valmy dont il devait plus tard porter le nom, est son plus beau titre de gloire.

Il se rallia à Bonaparte au 18 brumaire et reçut de l'Empereur tous les honneurs qu'il pouvait ambitionner Il fut nommé sénateur titulaire de la Sénatorerie de Colmar, président du Collège électoral du Haut-Rhin, puis président du Sénat, grand-cordon de la Légion d'honneur (1802), maréchal de France (1804), et enfin duc de Valmy, avec comme dotation le domaine de Johannisberg.

La Restauration en fit un pair de France (4 juin 1818) et un grand-croix de l'Ordre de Saint-Louis.

Son fils et son petit-fils, après sa mort arrivée le 23 septembre 1820, recueillirent son titre successivement.

Son fils, François-Etienne, se signala à Marengo, à Austerlitz, en Espagne, pendant les campagnes d'Allemagne et de France, laissant pour héritier du titre de duc de Valmy François-Christophe-Edmond Kellermann.

.*.

L'Empire s'accroissait constamment, c'était la Hollande entière qui ne formait plus que sept départements français. C'étaient diverses parties de la Suisse, de l'Italie, les Etats du Pape. Dans ces nouvelles parties de l'Empire existaient des nobles. Leurs titres sont supprimés.

Cependant, par décret du 26 avril 1811, il leur est laissé la faculté, pendant un certain laps de temps, de se pourvoir devant l'Archi-Chancelier impérial, à l'effet de solliciter la concession de nouveaux titres de l'Empire, de nouvelles armoiries et livrées, en remplacement de celles que les Lois ne leur permettaient plus de porter.

Mais, par application du statut de 1808, cette collation ne pourra avoir lieu qu'autant que les titres nouveaux seront accompagnés d'un majorat de propre mouvement ou composé de biens patrimoniaux, majorats dont la dévolution héréditaire sera en tout identique à celle des majorats français.

Le sort des soldats de l'Empereur et des nobles qu'il avait faits, après 1815, fut des plus misérables. Réduits par la loi qui les mettait en demi-solde, privés de leurs majorats, les conditions matérielles de l'existence furent souvent très dures pour eux et leur famille, tandis qu'à la tête des régiments, le gouvernement plaçait de nouveaux officiers, qui n'avaient servi qu'à l'armée des émigrés, contre la France, ou en Vendée, où l'insurrection frappait dans le dos la Patrie occupée à se défendre à la frontière.

Des traditions de famille rapportent l'éclat de rire qui s'éleva quand apparurent à la tête des régiments les nouveaux officiers, aux cheveux poudrés, aux ailes de pigeon, aux petites épées pendant : « que nos braves officiers, illustrés par tant de victoires, furent renvoyés honteusement ».

Je puis citer la misère de la famille de l'un des nobles dont les lettres-patentes sont rappelées. Cette misère était telle, que les six enfants avaient à peine des vêtements et ne sortaient pas le dimanche, faute de pouvoir s'habiller décemment. Ces enfants, aussitôt qu'ils le purent, devinrent soldats.

CHAPITRE VI

LES NOMS

« *Nomen, numen.* »
(*Ancienne devise héraldique.*)

Les nobles de l'Empire reviennent à l'ancien usage, qui avait longtemps prévalu dans la monarchie française. Ils ne portent pas le nom de leur fief ou de leur majorat, sauf quelques exceptions. Ils se bornent à faire précéder leur nom patronymique du nouveau titre. Exemple : « Le comte Duchatel; le général Joseph C...., baron de l'Empire; le Maire de la ville d'Orléans, Chevalier de l'Empire.... »

On peut rapprocher le système français des nobles de Napoléon Ier du système romain. A leur agnomen, les romains ajoutaient un cognomen. Et pour les généraux victorieux ce cognomen était tiré de leur victoire ou du nom du peuple qu'ils avaient réduits. Britannicus signifie le vainqueur des Bretons; Alemanicus, le vainqueur des Allemands.

On se rappelle la constitution de l'Empereur Justinien où il exagère quelque peu le nombre de ses cognomina.

Il en fut de même pour les nobles de Napoléon, et le titre qu'ils portaient est une sorte d'adjectif ajouté à leur titre honorifique. Que veut dire duc de Montebello? C'est le général d'armée, le duc qui a été vainqueur à Montebello, et si l'on est obligé d'employer cette expression, duc de Montebello, c'est faute d'un adjectif qui le remplace en français. Le duc d'Auërstaedt est le général vainqueur à Auërstaedt, le duc de Valmy est le vainqueur à Valmy.

Le prince de Wagram, le prince de la Moskowa, sont ceux qui contribuèrent aux victoires de ce nom.

Dans d'autres pays : Souvaroff, vainqueur en Italie, portait le titre d'Italinski, ou prince d'Italie alors qu'il ne possédait rien dans ce pays. Au XIX° siècle Nicolas Mourawieff s'empare de la citadelle de Kars, dans le Caucase : il reçoit le titre de prince Karski qui rappelle sa victoire.

Il faut remarquer cependant que les nouveaux nobles prirent quelquefois le nom de leur majorat. Cela eut lieu rarement et on peut les citer :

M. Dizez, sénateur, devint comte d'Arène; M. Curée, sénateur, comte de la Bedissière; le général de division Dumonceau, comte de Bergendal; M. Sezeur, procureur près la Cour impériale d'Orléans, chevalier de Boismandé; M. Foucher, général de division, baron de Careil; M. Lacuée, ministre, comte de Cessac; Monseigneur Fournier, évêque de Montpellier, prit le titre de baron de la Contamine; M. Simon, adjudant-commandant, devint baron de la Mortière; le général de division Drouet, comte d'Erlon; le sénateur Latour-Maubourg, comte de Fay, et le général du même nom, baron de Fay; M. Nougarède, conseiller à vie de l'Université, fut baron de Fayet; le sénateur Lecouteulx-Canteleu, comte de Grenelle; le préfet Régnier, fils du grand-Juge, ministre de la Justice, comte de Gronau; le sénateur Emery, comte de Grosyeult; le sénateur Delvé, comte d'Imstenraed; le général de division Chambarlhac, baron de Laubépain; le général Bagest-Becker, baron de Mons; le sénateur Vernier. comte de Montorient; le général de division Villatte, baron d'Outremont; le général Gazan fut comte de la Peyrière; le général Rivaud, baron de la Raffinière; l'écuyer de l'Empereur Fouler, comte de Relingue; le sénateur Porchet, comte de Richebourg; le sénateur Beurnonville, comte de Riel; le sénateur Le Brun, comte de Rochemont; le conseiller d'État Quinette, baron de Rochemont, du nom de son majorat situé dans l'Aisne; l'évêque de Vannes Bausset, baron de Roquefort; l'écuyer de Napoléon, M. Vathier, comte de Saint-Alphonse; le général Fouzet, baron de Saint-Charles; le général de division Belon-Lapise, comte de Sainte-Hélène; le général Le Blond, comte de Sainte-Hélène; l'ancien maire de Marseille, M. Anthoine, baron de Saint-Joseph; M. Bonardy, comte de Saint-Sulpice; le sénateur Lacroix, comte de Saint-Vallier; M. Collin, ministre du Commerce et des Manufactures, comte de Sussy; M. Journu-Aubert, sénateur, prit le titre de comte de Tustal; le général de division Vandamme devint comte d'Unsebourg et M. Tiburne, sénateur, comte de Valence.

Le sénateur Monge prit le titre de comte de Péluse, non pas de son majorat, mais en souvenir de l'expédition d'Egypte.

CHAPITRE VII

LES ARMOIRIES

La nouvelle noblesse, comme l'ancienne, eut ses armoiries et ces armoiries lui furent conférées en même temps que les lettres-patentes créant les nouveaux nobles, ne laissant pas à ces derniers les facultés qui appartenaient à l'ancienne. L'esprit organisateur de l'Empire se révélait même dans cette matière. Les armoiries impériales par elle-mêmes indiquaient le rang des familles, la dignité dont était revêtu l'aîné de chacune d'elles. Une partie des armoiries, soit le chef, soit un franc quartier, soit une pièce quelconque révélait la vassalité des nouveaux nobles relevant directement de l'Empereur.

Les princes de l'Empire, les grands dignitaires portaient le chef d'azur, semé d'abeilles d'or. Tous les ducs, le chef de gueules semé d'étoiles d'argent.

Les comtes et les barons portaient tous un franc quartier, variant selon l'origine du premier titulaire. Par exemple, les comtes sénateurs portaient le franc quartier à dextre, d'azur à un miroir d'or en pal dans lequel se mire un serpent tortillé autour du manche. Les comtes archevêques, le franc quartier à dextre d'azur, à la croix pattée d'or ; les comtes militaires, le franc quartier à dextre d'azur à l'épée haute en pal d'argent, montée d'or ; les barons évêques. le franc quartier à senestre, de gueules, à la croix alaisée d'or ; les barons propriétaires, le franc quartier à senestre d'or, de gueules à l'épi d'argent ; les conseillers d'Etat, le franc quartier à dextre, échiqueté d'azur et d'or ; les baront tirés de l'armée, le franc quartier à senestre de gueules à l'épée haute en pal d'argent ; les barons, maires des bonnes villes, le franc quartier à dextre de gueule à la muraille d'argent ajourée et maçonnée de sable.

Les chevaliers de l'Empire portaient tous une croix de la Légion d'honneur sur une pièce honorable de l'écusson.

Pareillement des signes et des francs quartiers étaient imposés aux bonnes villes de l'Empire.

Tous les autres dignitaires ou fonctionnaires de l'Etat portaient une indication de leur vassalité.

La Chancellerie affectait d'ailleurs de suivre les anciens systèmes de la science du blason. Elle respectait les armoiries des anciens nobles pourvus d'un nouveau titre, tout en y ajoutant une modification.

Comme autrefois, elle donnait des armoiries qui rappelaient le nom patronymique et l'on peut citer un comte de l'Empire qui voyait figurer dans ses armoiries un sanglier, en raison de son nom de famille.

Les couronnes, cimiers, heaumes, qui surmontaient les armoiries de l'ancienne noblesse furent supprimés. La Chancellerie impériale inventa tout un système de coiffures ou toques qui surmontèrent les armoiries, ainsi que cela se voit encore sur certaines pièces ou sur certains monuments. Toutes ces coiffures étaient indistinctement de velours noir. Ce qui différençiait était la garniture. Elle était de vair, de contre-vair, de sinople, etc., selon le grade dans la hiérarchie de la noblesse impériale, et aussi le nombre de plumes dont étaient décorées ces coiffures.

Les princes, grands dignitaires, portaient la toque de velours noir, retroussée de vair, avec porte-aigrette d'or, surmontée de sept plumes. Les ducs ne se distinguaient que par la toque retroussée d'hermine, au lieu de vair. Les comtes avaient la toque de velours noir retroussée de contre-hermine avec porte-aigrette d'or et d'argent, surmontée de cinq plumes. Les barons retroussaient la toque de contre vair, avec porte-aigrette en argent et trois plumes. Les chevaliers portaient la toque de velours noir, retroussée de sinople, surmontée d'une aigrette blanche ou d'argent.

Sous l'Empire, on ajouta des lambrequins aux toques qui remplaçaient les couronnes, et par une erreur qu'il est impossible de s'expliquer, on viola les règles du blason en les composant de métal sur métal.

Evidemment cette erreur de la Chancellerie impériale n'était pas une dérogation « à Enquerre », destinée à attirer l'attention et à rappeler un fait glorieux, comme cela avait eu lieu autrefois, puisque cette dérogation était générale.

Les princes grands dignitaires et les ducs portaient six lambrequins d'or ; les comtes ornaient leur toque de quatre lambrequins, les deux premiers supérieurs en or, les deux inférieurs en argent. Les barons avaient deux lambrequins en argent. Les chevaliers n'en avaient pas.

En 1815, tous les nobles de l'Empire et les villes conservèrent leurs armoiries, mais pour se confondre avec la noblesse royale, par vanité mal comprise, par flatterie pour le nouveau régime, ils supprimèrent les chefs et les francs quartiers.

CHAPITRE VIII

LES MAJORATS

...« Tandem, pro multis, vix jugera bina dabantur
Vulneribus ; merces et sanguinis atque laboris... »

(JUVÉNAL, *Satire 14.*)

...« Decretum est, quot quisque militum, annos
in Hispania militasset, in singulos annos bina jugera
acciperet... »

(TITE-LIVE, *Livre 36, in fine.*)

L'empereur Auguste fit don à plusieurs reprises de sommes considérables à des patriciens et des chevaliers pour qu'ils pussent soutenir avec éclat leur rang, ou même payer leurs dettes.

Les précédents des majorats se rencontrent ainsi à chaque pas dans l'Empire romain. Une partie des sénateurs était pensionnée par Auguste. Tibère lui-même, dont l'avarice était notoire, dut soutenir de ses deniers plusieurs membres de la noblesse romaine.

Ceux-là, nous racontent Mommsen et l'historien Duruy, parmi les sénateurs, se réjouirent d'être chassés du Sénat par l'empereur Claude, à cause de leur pauvreté. Déjà Auguste et Tibère avaient pris de semblables décisions.

Dans la suite, chaque empereur fut obligé de reconstituer au profit des sénateurs les douze cent mille sesterces ou

24.000 francs de notre monnaie que devaient posséder les pères conscrits.

Et chose digne de remarque et qui montre combien Napoléon Ier et ceux qui l'entouraient étaient imprégnés de toutes les institutions de la République et de l'Empire romains, les majorats impériaux sont presque la reproduction d'institutions romaines. Trajan et Marc-Aurèle obligèrent les sénateurs à convertir leur fortune en terres, en maisons sises à Rome. Les empereurs espéraient ainsi que ces biens seraient plus difficilement réalisables, que les patriciens conserveraint plus longtemps leur fortune.

Cette idée d'assurer aux familles nobles l'opulence pour rehausser les titres et de les obliger de conserver dans l'Etat une prépondérance tirée de leurs biens, de tenir à la cour un rang qui était, comme on l'a dit, un service, cette idée est très ancienne.

Elle se perpétua sous l'ancienne monarchie qui voulut que ceux qui l'entouraient pussent dédaigner le travail, les entreprises industrielles, commerciales, coloniales. L'ancienne monarchie réalisa sa pensée par l'institution des substitutions, du droit d'aînesse, du privilège de masculinité.

...« Il faut, dit Montesquieu, que sous le régime despotique, les lois travaillent à soutenir la noblesse. Il faut qu'elles la rendent « héréditaire »...

C'est donc un but purement monarchique que la loi se propose. Antérieurement l'indivisibilité du fief réalisait presque le résultat que se proposent les substitutions et les majorats, mais alors cette indivisibilité n'avait qu'un but purement militaire, sans aucune idée monarchique.

Les précédents des majorats sont les substitutions de l'ancienne monarchie.

La substitution, ou sous-institution, était la disposition

faite au profit d'un membre de la noblesse et après celui-ci d'un autre institué, qui était le fils aîné et ce à l'infini. Elles s'appliquaient uniquement à des biens immobiliers, alors que les majorats impériaux comprirent des biens de toute nature. A côté des substitutions existait le retrait lignager, permettant de faire rentrer dans une famille noble les biens qui en étaient sortis, et de rétablir ainsi l'importance primitive de cette famille et sa prépondérance. Les substitutions anciennes furent en partie perpétuelles, par exemple, celles des duchés-pairies, en partie temporaires. Les majorats de Napoléon Ier furent tous institués avec le caractère de perpétuité dans la ligne masculine.

La noblesse impériale et les majorats sont intimement liés et il ne peut être donné une idée de l'une sans étudier les autres. C'est à ce point que pour toute une catégorie de nobles de l'Empereur, la noblesse restait viagère, ne se transmettait pas quand elle n'était pas accompagnée d'un majorat, soit de propre mouvement, soit sur demande

Il faut étudier ces deux institutions.

Le nom de majorat était inconnu en France jusqu'à la Révolution. Il fut employé pour la première fois par l'Empire, qui le trouva en Espagne. Le Code civil de 1804 ne l'énonce pas, le Code civil de 1807, au chapitre des substitutions, parle bien du majorat sans cependant en prononcer le mot.

Le mot venait du latin, car l'une des idées caractéristiques des majorats est l'avantage conféré à l'aîné des fils, *major natus*, et cependant l'institution d'un majorat était permise en Espagne au profit d'un fils puîné, tant le but que l'on se proposait, le but unique, était de créer un patrimoine opulent, dont le propriétaire gravitait autour du Souverain pour lui rendre des services honorifiques.

Les majorats existaient en Italie, avec une particularité bien curieuse : c'est que les titulaires successifs des majorats italiens étaient l'aîné mâle existant de la famille, l'agnat le plus âgé, et non le fils aîné de la branche aînée, selon l'ordre résultant de la loi salique.

En Allemagne existaient les substitutions fidéi-commissaires. Cette législation se rencontre dans les provinces polonaises et dans la noblesse des provinces baltiques.

On peut définir les majorats comme l'a fait excellemment le jurisconsulte Merlin, qui indique que cette institution a pour objet de conserver le nom, les armes et la splendeur d'une Maison, et est destinée à toujours pour l'aîné de la famille.

On peut remarquer que Napoléon, Empereur de la République (car alors les monnaies et les inscriptions des monuments publics portaient toujours ces mentions : « République Française » et l'Empereur s'intitulait « Empereur des Français par les constitutions de la République ») osa d'abord créer les majorats, et ne créa qu'après sa noblesse et les titres impériaux. Les majorats eux-mêmes n'entrèrent pas dans la législation par la grande porte, mais d'une façon détournée, au moyen de la création des camps de vétérans.

C'est une institution bien curieuse que celle des camps de vétérans, et qui montre l'influence persistante des idées romaines, ou plutôt combien à une situation analogue à celle de l'Empire Romain, il fallait des institutions presque semblables.

La littérature romaine comme les jurisconsultes romains nous ont laissé la preuve des distributions des terres conquises aux soldats.

Lampridius indique que les concessions étaient faites seulement pour les enfants mâles qui porteraient les armes pour la conservation de l'Empire. Constantin rendit les concessions héréditaires.

Il ne paraît avoir été projeté que deux camps de vétérans fondés par l'Empereur. Ils furent établis aux deux marches de l'Empire. la marche ou frontière de l'Est, où la France a à se défendre contre les invasions de la race germanique, et la marche d'Italie.

Un camp de vétérans devait être établi aux environs de Mayence, un autre en Italie, aux environs d'Alexandrie. Des concessions de terres doivent être faites aux anciens soldats. Ils doivent cultiver eux-mêmes ces terres, mais ils sont cependant toujours soldats, ils obéissent à leurs chefs ; il existe un commandant du camp, des revues. Ils doivent défendre les places fortes de la région. Leurs habitations sont dans le camp lui-même. Le camp est fortifié.

Ainsi ces soldats servent à étendre l'influence et la langue françaises; on espère qu'ils se marieront là où ils ont reçu des concessions de terres. On croirait assister à la fondation d'une colonie romaine, une de ces nombreuses colonies d'où sont sorties tant de villes actuelles, ou bien à ces concessions faites sur l'*ager vectigalis* par les Empereurs romains à leurs soldats fidèles, concessions révocables et qui nous ont valu les plaintes de Virgile dépossédé.

Je ne crois pas qu'il y ait d'autres camps de vétérans. L'Empereur allait vite passer à d'autres institutions, qui devaient dans sa pensée produire les mêmes effets.

Les terres ainsi conférées aux soldats vétérans devaient provenir du domaine extraordinaire. Il convient donc d'étudier ce domaine, créé par l'Empereur, organisé par lui en 1810, qui survécut quelque temps à l'Empire et qui fut aboli définitivement en 1818. Depuis cette époque, le domaine de l'État est unique; à côté de celui que nous connaissons, il n'en existe pas un second, mis à la disposition du souverain, comme cela avait lieu sous Napoléon Ier.

Etudions la composition du domaine extraordinaire, c'est-à-dire de quoi furent composés les majorats impériaux.

On verra que la fortune mobilière commence à faire une apparition, elle qui, dans le XIXe siècle dépassera la fortune immobilière. C'était une bien grande nouveauté de créer des nobles dont les biens nobles sont une maison de rapport à Paris ou dans une grande ville de l'Empire, un titre de rente, une créance conservée par privilège ou par hypothèque, une action d'une Société commerciale, comme la Banque de France, une part ou action dans un canal, ou même encore une usine.

Le traité de Presbourg, qui fut la suite d'Austerlitz, donna à la France, pour son royaume d'Italie, Venise et ses dépendances, le Frioul, la Dalmatie, l'Istrie, Trieste, les Bouches-du-Cattaro, et c'est à cette occasion que l'Autriche, suzeraine des électeurs de Bade, de Bavière, de Wurtemberg, renonça à sa suzeraineté et consentit à reconnaître le titre de souverain que Napoléon Ier leur avait donné.

Ce traité laissait à l'Empereur le soin de régler le sort du royaume de Naples dont la souveraine avait manqué odieusement à la parole donnée. Ce royaume allait être donné à Joseph, frère de l'Empereur.

L'Empereur remet des sommes d'argent considérables à ses maréchaux, à ses généraux, fonds prélevés sur ceux appartenant à la Grande Armée. Le domaine extraordinaire existait alors en fait sans en porter le nom, et la Grande Armée se trouvait avoir la personnalité civile, être propriétaire de biens et de terres.

En remettant ces fonds, l'Empereur entend, dans une

pensée d'utilité générale, que la moitié des sommes remises à chacun soit employée en rentes sur l'Etat. Dès 1807, avant l'investiture des grands fiefs et la création des majorats, il remet sur ces fonds plus d'un demi-million à chacun des maréchaux Augereau, Bernadotte, Mortier, Victor, Masséna. Il les oblige toujours à employer la moitié des sommes remises en rentes sur l'Etat.

Il cède à cette idée de relever la situation de ses compagnons et de la rendre égale à celle qu'occupe l'ancienne noblesse, restée intransigeante, propriétaire de domaines importants.

En remettant ces sommes, l'Empereur prévient les bénéficiaires qu'elles sont destinées à rehausser l'éclat des titres et des fiefs qu'il conférera, et que ces biens ne doivent pas être dissipés Il veut que chacun des généraux acquière un hôtel à Paris ou dans une grande ville de l'Empire, que cet hôtel soit inaliénable. Il veut que la présence de ses feudataires à Paris, capitale de l'Occcident, dans les rares moments où il les laisse inoccupés, rehausse l'éclat de cette capitale. Il voit ainsi autour de lui, dans Paris, un mouvement de fêtes, de réceptions, il contribuera ainsi à la prospérité de sa ville.

Il a la vision de tous les rois, de tous les princes, de tous les ducs créés par lui; de tous les rois étrangers ses vassaux, venant mendier un sourire du maître; des équipages et des officiers qui les accompagnent, du mouvement, des chamarrures, des uniformes, du châtoiement des toilettes. . . de tout ce qui faisait faire à cette femme du peuple, après la Restauration, quand on se pressait pour voir le roi, cette réponse qui peint une époque : « Le Roi, j'en ai vu bien d'autres des rois, sous l'Empereur!... »

Il voit sa capitale, devenue celle de l'Europe, resplendir de l'éclat de ses triomphes; comme au jour où (octobre 1807), après la campagne d'Allemagne, après avoir écrasé la Prusse, il rentre à la tête de ses troupes, par la voie triomphale des Champs Elysées. Il est à la tête de ses soldats, seul, vêtu simplement, César romain au profil de médaille antique, suivi d'un cortège qui est un éblouissement de décorations, de drapeaux, de soie et d'or...

L'Empereur fut obéi, et les immeubles achetés comme il le voulait. L'on voit encore dans quelques rues, ces hôtels très importants pour l'époque, et sur leur fronton figurent les fastueuses armoiries des feudataires de l'Empire.

En 1807, il donne à chacun des généraux de division ou de brigade 200.000 francs sur les fonds de la Grande Armée. Il leur impose les mêmes prescriptions.

Ainsi les biens qui composent ces dons ne sont pris que sur l'ennemi. A ce moment, rien n'est visible en France, et l'opinion n'a pas à se préoccuper de cette infraction grave, peut être inconstitutionnelle aux principes de la Révolution et du Code civil. Les fiefs sont à l'étranger, les biens donnés sont des sommes d'argent avec lesquelles on doit acquérir des rentes et soutenir le crédit de l'Etat.

Le domaine extraordinaire devait être organisé entièrement en 1810. Il devient alors une personnalité, une entité civile, capable d'acquérir et d'aliéner. Il reçoit aussi des dons et des biens provenant des nouvelles conquêtes. Il remplace ce qu'on appelle « les fonds de la Grande Armée.. » Et j'insiste sur ce point, que le domaine extraordinaire a fait des acquisitions, c'est que l'on a prétendu que les dotations faites par l'Empereur l'avaient été des biens de l'Etat, pris sur l'Etat et qu'il était ainsi facile de révoquer, d'annuler sans contre-partie ces concessions.

Le domaine extraordinaire achète constamment de ces fonds, des rentes françaises, puis cède ces rentes ainsi acquises aux majorataires.

Le domaine extraordinaire a aussi d'autres sources moins pures que la conquête. Ce sont les confiscations faites sur les sujets anglais. L'inimitié entre la France et la Grande-Bretagne en est arrivée à ce point qu'un sujet anglais se voit dépouillé de ses biens; mais à cela, il faut ajouter que ces mêmes biens ainsi enlevés aux Anglais servent à soutenir l'industrie française que l'Angleterre essaie de ruiner par tous les moyens, même ceux que la conscience humaine réprouverait maintenant

Il n'apparaît pas que le domaine extraordinaire ait compris des biens d'émigrés dans des proportions considérables. Néanmoins, il en comprit, et cela s'explique plus facilement que pour les confiscations faites sur les Anglais. Les émigrés portaient les armes contre leur patrie, et aucun pays n'a pardonné ce crime.

L'Etat céda au domaine extraordinaire le canal d'Orléans, celui du Loing, le canal du Midi. La propriété des canaux d'Orléans et du Loing avait été transférée au domaine extraordinaire, en vertu d'un acte de cession, intervenu le 21 février 1808, entre le minitre de l'Intérieur et l'Intendant général du domaine extraordinaire; et ce en exécution des décrets des 21 mars 1808, 17 mai 1809 et 10 août de la même année et aussi de la loi du 23 décembre 1809.

Ces canaux comprenaient toutes leurs dépendances, francs-bords, bords, usines, maisons éclusières, magasins, terrains, rentes, revenus affectés à leur exploitation, et tous droits et actions pouvant leur appartenir.

Il en était de même des effets mobiliers, bureaux, embarcations, meubles et matériaux.

Conformément à la loi du 5 floréal an XI, aucune contribution foncière ne pouvait grever les canaux, sauf celle s'appliquant aux terrains.

Les droits constitués par ces canaux sont divisés en

1.400 actions de 10.000 francs chacune. Ces canaux sont donc évalués 14 millions de francs.

Ils sont administrés par une Société dite Compagnie des canaux d'Orléans et du Loing.

Les assemblées générales de la Compagnie sont présidées par le grand chancelier de la Légion d'honner et l'administration générale confiée à un administrateur du choix de l'Empereur et qui devra être propriétaire... « ou procureur spécial... « de soixante actions au moins et recevra un traitement de 15.000 francs au moins.

Ainsi cette Société est mi-partie civile, mi-partie militaire.

Comme pour les majorats immobiliers, comme pour les rentes sur l'Etat, qui subissent des retenues sur le revenu pour former un accroissement du capital, un dixième des bénéfices des canaux est mis en réserve.

L'origine de tous ces canaux est diverse. Une partie du canal du Midi avait été construite par Riquet. Elle appartenait aux Caraman, ses descendants, sur lesquels elle fut confisquée comme biens d'émigrés. Le surplus du canal est la propriété de l'État. Les canaux d'Orléans et du Loing provenaient de la famille d'Orléans

Le canal du Midi est divisé en mille actions d'une valeur nominale de 10.000 francs chacune qui, en principe, doivent rapporter 500 francs.

Le domaine extraordinaire acquiert aussi des actions de la Banque de France. On sait que dès le début de cette institution, ces actions purent être immobilisées, c'est-à-dire artificiellement prendre le caractère d'immeubles, être susceptibles d'hypothèque.

Le domaine extraordinaire comprend encore les actions du Mont-Napoléon ou Mont-de-Milan.

On remarque ici que sur le Mont-de-Milan, furent créées diverses dotations, ou majorats, d'un revenu relativement minime et qui ne furent pas accompagnées de titres nobiliaires.

Le traité de Schœnbrunn (14 octobre 1809) augmenta encore le domaine extraordinaire français et la source des majorats de propre mouvement Ce traité était intervenu à la suite de la coalition que l Empereur avait dénouée par Wagram et Essling. La France reçut toute la Galicie, la province de Goritz, une partie de la Carinthie, Trieste et ses dépendances, une partie de la Saxe.

Ainsi augmenté de jour en jour, le domaine extraordinaire demandait une organisation spéciale. Il y fut pourvu par la loi du 30 janvier 1810 qui consacre en même temps d'une façon législative le droit de l'Empereur de disposer des biens en faveur de ses soldats.

La fin de l'Empire devait amener la fin du domaine extraordinaire ; néanmoins ce domaine, à côté de celui de l'Etat, dura encore jusqu'en 1818. Et jusqu'à cette époque la Royauté en fit quelquefois un bien étrange usage.

Le maréchal Augereau, duc de Castiglione, était mort sans postérité. En janvier 1809 il lui avait été concédé une dotation de 80.000 francs. Cette dotation faisait retour à l'Etat, en vertu des principes mêmes de sa constitution. Louis XVIII crut pouvoir faire don de ce majorat à la fille du chef vendéen Bonchamp, qui lui, au moins, était mort avec un geste de grandeur et de générosité Ce don fut fait à l'occasion du mariage de la fille de Bonchamp avec le fils du marquis de Bouillé, celui qui avait organisé la fuite de Varennes.

Vint 1814, et tout ce qu'avait organisé l'Empereur fut aboli. Une loi (12 janvier 1816) confisque purement et simplement les biens et les majorats de toute une série de dotataires. Ce sont d'abord les biens de la famille Bonaparte, ceux des régicides (on appelait ainsi ceux qui avaient voté la mort de Louis XVI et à qui ont reprochait leur sentence), ceux qui avaient rétabli l'Empire pendant les Cent-Jours et accepté des fonctions de l'Empereur.

Les plus grands reproches sont alors faits au gouvernement royal d'avoir dilapidé le domaine extraordinaire, et Châteaubriand l'en défend vainement.

Dans le budget de 1814, 157 millions du domaine extraordinaire sont pris par l'Etat et confondus dans les recettes du budget avec 100 millions du domaine privé.

Les alliés débiteurs du domaine extraordinaire de 150 millions à divers titres étaient venus en France ... « en chercher la quittance. »

Sur les 480 millions du domaine extraordinaire, il ne reste plus que 100 millions à peine. Ces 100 millions sont composés de 17 millions sur le royaume de Saxe, de 20 millions sur le Mont-de-Milan, d'une somme importante sur le Mont-Napoléon de Naples, de cent dix actions environ sur les canaux d'Orléans, du Midi ou du Loing, d'actions de salines, de maisons à Paris, d'immeubles en province, de billets sur les particuliers, notamment d'une créance d'un million sur Jérôme, roi de Westphalie.

Louis XVIII puise dans cet actif pour des sujets multiples. Il fait ainsi réparer le Louvre, il embellit la place du Carrousel en achetant les maisons voisines, il répare le château de Versailles, il rémunère les émigrés et les insurgés de la Vendée.

Il est presque inutile d'indiquer que les princes, les Etats et les provinces étrangers, rentrés en possession de leurs biens, supprimèrent purement et simplement les majorats établis en pays étrangers. Ces majorats étaient pourtant des propriétés privées, et une règle de droit international veut que les biens des particuliers soient respectés par les belligérants.

La Royauté consentait à tout, et à toutes les concessions pour se rétablir en France ; les alliés eurent beau jeu. Elle renonça, par le traité de Paris, à toutes les pensions, dotations, revenus, redevances de la Légion d'honneur et autres.

« ... Cette disposition eut pour effet de faire perdre au domaine extraordinaire un revenu de près de 29 millions, dont 25 millions sur les propriétés immobilières situées en pays étrangers. Plus de trois mille dotataires se trouvèrent dépossédés ; mille huit cent quatre-vingt-neuf conservèrent en France un revenu de 3 millions 739.627 francs. »

Peu à peu le domaine extraordinaire disparaissait comme les donations déjà concédées étaient révoquées, confisquées.

On restitua aux émigrés les biens qui leur avaient été confisqués et dont l'Etat n'avait pas encore disposé et ce indépendamment du milliard qu'ils se firent donner par 'eur Patrie épuisée ; on stipula que lorsque le droit de retour s'exercerait, au lieu de s'exercer au profit de l'Etat, il s'exercerait au profit des anciens propriétaires des biens confisqués. On rendit aux Anglais les biens qui provenaient d'eux.

Ces restitutions eurent des aspects nombreux qu'il est intéressant de rappeler.

Ainsi, le canal du Midi était composé en partie de celui du Languedoc, créé par Riquet, dont les représentants étaient les membres de la famille de Caraman-Chimay. Il n'était dont pas possible de décider que quand les actions du canal du Midi feraient retour, ce retour profiterait à la famille de Caraman, ou du moins ce retour ne pouvait être effectué pour la totalité.

Tout d'abord 110 actions sur les 1.000 créées n'avaient pas fait l'objet de dotations. Elles furent rendues purement et simplement a la famille de Caraman. Et quant aux 830 actions de surplus il est établi une proportion : Partie de ces actions font retour à l'Etat, partie de chacune d'elles aux anciens propriétaires du canal.

Ainsi lorsque le canal du Midi est racheté, chaque dotataire des 233 actions (qui existaient encore à ce moment) reçoit un titre de 633 fr. 09, mais sur ces 633 fr. 09, 10 francs de rente sont grevés d'un droit de retour à l'Etat, le surplus doit, en cas d'extinction, faire retour aux anciens possesseurs.

Ainsi encore, sur les majorats de Régnier, grand Juge, d'abord comte de l'Empire, avec deux dotations, l'une de 20.000 francs (31 décembre 1808), l'autre de pareille somme (24 mars 1809), puis duc de Massa, avec dotation de 60.000 francs (8 décembre 1810), 20.000 francs de rente doivent faire retour, à l'extinction de la postérité masculine, aux familles de Caraman et d'Orléans.

La loi du 21 septembre 1872 qui restitue aux membres de la famille d'Orléans leurs biens, fait bénéficier ces derniers du droit de retour sur les actions des canaux d'Orléans et du Loing, pour les cas où ces retours auraient lieu.

Le don du majorat du maréchal Augereau à la fille de Bonchamp, chef vendéen, ne fut pas un fait unique Sur le domaine extraordinaire, Louis XVIII fit des dons à ceux qu'il osait appeler les soldats de ses armées de l'Ouest et du Midi.

Mais, en même temps, une ordonnance royale du 22 Mai 1816 indemnisa sur l'actif du domaine extraordinaire certains dotataires privés de leurs dotations.

La loi du 26 juillet 1821 créa les pensions des dotataires dépossédés.

Elle décide que les dotataires français, entièrement

dépossédés de leurs dotations situées en pays étranger, et qui n'auraient rien conservé en France, ainsi que les veuves et les enfants de ceux qui étaient décédés, pourraient être inscrits aux Livres des pensions en indemnité de la perte des dotations, avec jouissance du 22 décembre 1821, et pour une pension dont la quotité fut ainsi réglée :

Pour les dotataires des première, seconde, troisième et quatrième classes, la pension fut fixée à 1.000 francs.

Pour les dotataires de la cinquième, à 500 francs.

Et pour ceux de la sixième, à 250 francs.

Ces pensions étaient d'abord possédées par le dotataire, ensuite moitié par la veuve et moitié par les enfants, par égale portion, avec reversibilité en faveur des survivants de la veuve et des enfants, de sorte que l'extinction ne se produisait qu'après le décès du dernier enfant.

Elle n'était pas un droit, mais une faveur, bien qu'elle fut la représentation de biens perdus. L'article 1er de la loi décide que l'inscription de ces pensions serait faite sur les listes qui seraient arrêtées par le Roi. On voit que des influences de parti pouvaient empêcher cette inscription.

Les dotataires à qui il restait une partie de leur dotation devaient, sur les pensions ainsi fixées, précompter le revenu leur restant.

Faut-il ajouter que cette loi de restitution et de justice se trouvait ternie par les dispositions qui s'y trouvent au profit : « des militaires des armées royales de l'Ouest et du Midi... » autrement dit à des insurgés ?

Les bannissements et la perte des droits civils prononcés contre ceux que la Royauté appelait les régicides durèrent jusqu'à la fin de la Royauté. C'est ainsi que le grand Carnot, l'organisateur de la Victoire, qui fut comte de l'Empire, mourut en exil à Magdebourg.

La Royauté ayant disparu aux journées des 28, 29 et 30 juillet 1830, moins de deux mois après, le 11 septembre, une loi rappelait dans leur patrie les bannis. Cette loi leur restituait leurs dotations.

Il fallut les victoires françaises, en Italie et Solférino, pour restituer à la France, en 1859, ce que la Royauté avait si bénévolement abandonné en 1814. Diverses restitutions furent faites par la Sardaigne, pour qui les Français venaient de conquérir l'Italie; par l'Autriche qui avait été vaincue. Il fut restitué plus de douze millions de francs qui s'appliquaient au moins pour la moitié à la restitution des fonds du Mont-de-Milan, dont les alliés s'étaient emparé. Le domaine extraordinaire n'existant plus depuis 1818, ce fut le domaine de l'Etat qui reçut cette restitution : mais en même temps il se trouvait chargé d'indemniser les anciens dotataires du Mont-Napoléon. Des titres de rente à concurrence d'environ de 300.000 francs furent répartis aux anciens dotataires. Ces rentes reconstituaient aussi les majorats et elles subsistèrent jusqu'à la loi abolitive de 1905.

Une remarque s'impose et doit être tirée de ces faits. Les rentiers bénéficiaires de ces 300.000 francs de rente ne reçurent pas, comme cela a été dit en 1905, des pensions. Ils reçurent le capital qui leur appartenait, capital à eux soustrait en 1814 et restitué en 1859, et capital soumis au droit de retour. Ce capital était leur propriété depuis 1809 et ils en avaient été privés depuis 50 ans.

Nous avons vu la création et la décadence des majorats impériaux de propre mouvement. Après l'Empire, il n'en fut créé que deux, l'un au profit du duc de Richelieu, en 1819 ; l'autre en 1859, au profit du maréchal Pélissier, duc de Malakoff, à la suite de la guerre de Crimée. Ils sont tous deux éteints.

Mais une seconde institution de Napoléon se rattache intimement à la noblesse impériale. C'est l'institution des majorats volontaires ou sur demande. L'Empereur avait créé tout une série de titres de noblesse au profit des titulaires des fonctions publiques. En même temps, il avait décidé que ces titres seraient viagers, intransmissibles aux fils du titulaires. à moins que ceux-ci ne rendissent leur titre héréditaire. par l'établissement d'un majorat volontaire. Ce n'était plus une dotation prise sur le domaine national, à même les dépouilles de l'ennemi, c'était l'érection de biens particuliers en majorat. C'était le rétablissement des substitutions et du droit d'aînesse.

CHAPITRE IX

ORGANISATION DES MAJORATS

Le décret du 30 mars 1808 était le créateur et l'organisateur des majorats, dont le but, y est-il dit « est non seulement d'entourer notre trône de la splendeur qui convient à sa dignité, mais encore de nourrir au cœur de nos sujets une louable émulation, en perpétuant d'illustres souvenirs et en conservant aux âges futurs l'image toujours présente des récompenses qui, sous un gouvernement juste, suivent les grands services rendus à l'Etat... »

L'Empereur qualifie les majorats de « Grande Institution », dont il ne veut pas différer davantage l'organisation. Il déclare que les biens affectés au maintien des titres seront exceptés du droit commun et soumis à des règles particulières.

Il ne pouvait entrer dans la formation des majorats que des immeubles libres de tout privilège et hypothèque, et non sujet à la restitution dont pouvaient être grevés certains biens au profit des enfants nés et à naitre, ou de neveux, ainsi que le prévoit le chapitre VI du Code civil.

Pareillement pour les rentes sur l'Etat et les actions de la Banque de France, à condition d'être immobilisées les unes et les autres peuvent composer également un majorat en tout ou en partie. Mentions de ces affectations spéciales sont faites tant sur les livres de la Banque ou sur le Grand Livre que sur les certificats d'actions ou coupures de rente, de façon à prévenir les tiers.

Et chaque année, pour remédier à une baisse possible du capital des rentes ou du capital des actions, il est fait sur leurs revenus une retenue d'un dixième, qui est capitalisé lui-même, replacé en rente ou en actions, qui elles-mêmes sont également affectées de l'inaliénabilité spéciale et de la transmission imposée aux majorats.

Les majorats de propre mouvement, ou dotations, forment une première catégorie. Ils sont composés des biens du domaine extraordinaire ou du domaine privé. Si la dotation impériale est insuffisante pour produire le revenu attaché à un titre déterminé, le dotataire peut compléter ce majorat d'une constitution volontaire.

Dans le cas de majorat de propre mouvement, le décret et l'état détaillé des biens affectés sont adressés à l'Archi-Chancelier qui fait expédier les lettres-patentes à l'impétrant. Dans le mois de leur expédition, les lettres-patentes sont intégralement transcrites sur un registre tenu au conseil du Sceau des titres. Conformément au sénatus-consulte du 14 août 1806, l'Archi-Chancelier communique au Sénat et fait transcrire sur ses registres ces lettres-patentes, qui constituent une aliénation du domaine national.

Une publication spéciale est encore imposée à cette disposition. L'aliénation résultant de la dotation est encore, à la réquisition du procureur général ou de l'impétrant, sur la réquisition du ministère public, publiée et enregistrée à la Cour d'appel et au Tribunal de première instance du domicile du dotataire et de la situation des biens.

Elle est insérée en entier au *Bulletin des Lois* et transcrite sur les registres du conservateur des hypothèques de la situation des immeubles.

Lorsqu'un duc, un comte, un baron ou un chevalier de l'Empire, non pourvu d'une dotation *proprio motu.* veut rendre son titre héréditaire, il se retire devant l'Archi-Chancelier. La pétition énonce la nature et la durée des fonctions qui lui donnent droit au titre et le rendent capable de fonder un majorat, la nature et le nombre des biens qu'il veut y consacrer, le moutant du revenu annuel de ces biens, la justification émanant du conservateur des hypothèques qu'il sont libres de toutes charges réelles et le nombre des enfants du pétitionnaire en distinguant les fils des filles.

Des prescriptions minutieuses sont applicables à la justification des revenus, justification qui doit se faire par baux, par rôle des impositions. par certificats de notaire ou de notoriété publique. signés de sept notables de la localité.

Puis la demande est inscrite sur un registre et un récépissé est donné à l'impétrant par le Secrétaire du conseil du Sceau. L'Archi-Chancelier procède à l'examen de la demande, assisté du conseil du Sceau des titres.

Et aussitôt la demande enregistrée, en vertu de cette demande, la désignation des biens est transcrite au bureau des hypothèques de la situation et les biens deviennent inaliénables pendant un an. Pendant cette année, ils ne peuvent être frappés ni de privilèges, ni d'hypothèque, ni grevés de restitution, ni d'aucune affectation qui en réduirait le revenu ou le droit de propriété.

Et si la demande est suivie d'une décision favorable, cette inaliénabilité devient perpétuelle par une nouvelle transcription des lettres d'investiture. Si la procédure se prolonge, au bout d'une année, une nouvelle transcription provisoire doit être requise.

Le Conservateur donne un relevé des inscriptions ou des transcriptions qui peuvent grever les biens offerts et cette transcription purge les hypothèques judiciaires ou conventionnelles non inscrites. Elle peut être suivie d'une purge des hypothèques occultes, selon les formes prescrites par le chapitre IX, titre XVIII, livre III du Code civil.

Ces principes de transcription et de purge au moyen de la transcription étaient un souvenir de la loi de Brumaire sur les hypothèques et la transcription. Ils montrent que le législateur de 1804 n'avait pas oublié cette loi, et que si le principe devait être réalisé seulement en 1855, ce n'est que par un oubli que le législateur de 1804 ne l'avait pas compris au Code.

L'Empereur se réservait d'approuver ou d'annuler la décision du conseil du Sceau. Cette décision n'était qu'un avis.

Puis le décret était rendu, conférant le titre s'il ne l'avait pas encore été, ou instituant un majorat, et l'affectant au titre, si déjà le titulaire avait reçu une qualification impériale.

Le décret délivré sur parchemin, ainsi que le statut du 10 mars 1808 a soin de le prescrire, revêtu du grand sceau, indique le titre, au cas où il a pour but de le conférer, les biens majoratisés, les motifs de la distinction, les armoiries et les livrées accordées.

Toutes les conditions de publicité des majorats *proprio motu* sont imposées aux majorats volontaires.

Le majorat ainsi joint au titre passe à la descendance légitime, naturelle ou adoptive, de mâle en mâle, par ordre de primogéniture. Cependant en ce qui concerne l'adoption, outre les règles imposées par les lois, l'adoptant devra obtenir l'autorisation impériale.

Les biens majoratisés sont inaliénables. Ils ne peuvent être engagés ni saisis. Et cependant, pour les majorats volontaires, les enfants du fondateur qui ne seraient pas remplis de leur réserve légale, peuvent en demander le complément sur les biens fournis par le père pour la fondation du majorat.

Ainsi, dans la composition de chaque patrimoine d'un titulaire de majorat volontaire, ce majorat doit osciller entre la moitié de la fortune du titulaire et le quart de cette fortune s'il veut qu'il ne soit pas entamé et que des difficultés considérables ne se fassent pas jour à sa mort; la moitié s'il n'y a qu'un enfant, le quart s'il y en a trois ou plus de trois.

Il se pouvait que les conditions ci-dessus énoncées pour la constitution d'un majorat volontaire fussent insuffisantes. Le père de famille pouvait prouver que les biens qu'il offrait étaient libres de privilège, d'hypothèque, de droit de restitution, mais on ne lui demandait pas si, antérieurement à sa demande, il avait consenti des dispositions à titre gratuit.

Il pouvait avoir fait déjà des donations, des institutions contractuelles et la constitution du majorat volontaire étant considérée comme une nouvelle donation au profit de celui qui serait l'aîné au jour du décès du donateur, il pouvait arriver, par l'effet de l'article 923 du Code civil, que cette constitution était inefficace, la quotité disponible étant déjà épuisée. Alors les héritiers autres que l'aîné pouvaient être remplis de leur réserve sur les biens majoratisés. Le minimum de capital et de revenu du majorat devait être complété par le titulaire, à peine de ne pouvoir transmettre son titre nobiliaire.

Tout acte de vente, donation ou autre aliénation des biens compris au majorat, consenti par le titulaire, tout acte qui les frapperait de privilège, d'hypothèque, tout jugement qui validerait ces actes sont nuls de plein droit, d'une nullité radicale, absolue. Ils sont inexistants. Néanmoins, la nullité doit être prononcée, ou plutôt elle doit être reconnue et la juridiction qui décide n'a qu'à constater les faits. Cette juridiction est la juridiction administrative du Conseil d'État, elle statue conformément aux décrets impériaux du 11 juin et 22 juillet 1806 relatifs aux affaires du contentieux de l'administration.

Cette nullité est tellement absolue et si peu une annulabilité que le titulaire lui-même peut la proposer, soit par voie d'action soit par simple exception. Elle peut être également demandée d'office par le Procureur général du Sceau du titre.

Pareillement. l'hypothèque occulte des femmes, des mineurs, du trésor sur les biens des comptables de deniers publics ne frappe pas les biens majoratisés.

L'Empereur suppose qu'une hypothèque légale n'a pas été purgée lors de la transcription de la demande de majorat. Si dans ce cas, du fait de cette hypothèque légale, il y a eu lieu à diminution de valeur des biens, le titulaire devra compléter le majorat.

Une disposition remarquable se trouve dans le statut qui a organisé les majorats. Par un oubli bien des fois signalé, le Code civil n'avait donné à la femme survivant aucun droit dans la succession de son mari, alors que presque tous les Codes étrangers faisaient de la femme une héritière du mari, et parfois une héritière à réserve et aussi même une héritière de la totalité.

Seul l'article 767 du Code civil de 1804 donnait à la femme un droit héréditaire, mais à défaut de dispositions du mari et d'héritiers de celui-ci jusqu'au douzième degré. Droit vraiment illusoire, et qui ne devait guère s'exercer que quand le mari était enfant naturel.

Cependant il faut remarquer que la législation avait statué pour la propriété littéraire un droit au profit de la veuve de l'auteur. Il a fallu attendre jusqu'à 1891 et le nouvel article 767, modifié par la loi du 3 mars 1891, a donné au conjoint survivant des droits cependant bien minimes et dont il est facile de le priver.

L'empereur Napoléon avait décidé que les femmes des titulaires de ses majorats auraient, contrairement au Code civil, des droits qu'il spécifie, au décès du titulaire, soit qu'il laisse des fils, soit que faute de fils, le majorat s'éteigne ou soit transmis hors la descendance masculine. La veuve a droit à une rente ou pension qui sera prélevée sur les biens affectés au majorat.

Cette rente est de la moitié du revenu si le majorat est éteint ou transféré; du tiers, si le majorat subsistant encore, la veuve se trouve en présence d'enfants du titulaire, qui peuvent être ses propres enfants.

Mais ce droit de la veuve n'existe que si elle ne se remarie pas, à moins que ce soit avec la permission de l'Empereur, qui l'accordera facilement si le mariage a lieu avec un officier.

Il faut encore que la veuve, pour bénéficier de ces droits, justifie n'avoir pas dans ses biens personnels un revenu égal à celui que la pension lui eût donné.

L'administration du majorat par le titulaire et la jouissance des biens sont minutieusement établies. Le majorataire acquitte toutes les impositions et autres charges de ce genre. Il ne jouit pas des exemptions iniques accordées aux nobles de l'ancien régime. Il entretient les biens en bon père de famille. Il paie, s'il y a lieu, la pension due à la veuve du précédent titulaire décédé. Il paie aussi les dettes de ce titulaire, pour celles du moins que tout titulaire d'un majorat peut contracter en affectant ses revenus, sans néanmoins qu'il soit obligé d'y employer plus du tiers du produit des biens pendant les deux premières années de jouissance.

Il paie également, à défaut d'autres biens suffisants, les dettes conservées par le privilège de l'article 2101 du Code civil et qui auraient été laissées par les père et mère décédés du titulaire actuel, de façon à ce qu'aucune réclamation injurieuse pour la mémoire des père et mère et pour le titulaire ne puisse être soulevée. Néanmoins ce paiement ne peut absorber plus d'une année de revenus.

Comme le capital. qui est indisponible, les revenus sont insaisissables. Ils sont incessibles, bien que cela ne soit pas dit expressément. Néanmoins, ces revenus peuvent être cédés en paiement des dettes privilégiées énumérées en l'article 2101 du Code civil et par les numéros 4 et 5 de l'article 2103, c'est-à-dire en paiement des frais de justice, des frais funéraires, des honoraires de médecins et pharmaciens, des salaires de domestiques, des fournitures de subsistance faites au débiteur et à sa famille.

Et encore dans une idée d'équité et par application des principes de l'*In rem versum*, en paiement des architectes, ouvriers, entrepreneurs, maçons et autres ouvriers employés à édifier. reconstruire ou réparer les bâtiments compris au majorat, sous certaines conditions de procédure, ou encore ceux qui ont prêté les deniers pour rembourser ces divers créanciers.

Toutefois, ces réparations ne peuvent être que celles usufructuaires et elle ne doivent pas excéder moitié des revenus des biens.

Mais s'il survient des cas exigeant des travaux ou réparations considérables aux édifices ou propriétés composant le majorat et excédent les sommes dont la disposition est autorisée, il y est pourvu par décret rendu par l'Empereur, en conseil d'Etat, sur l'avis du conseil du Sceau des titres.

Le Code forestier par son titre V soumet au régime forestier les bois et forêts qui sont possédés par les princes à titre d'apanage, ou par des particuliers à titre de majorat, quant à l'aménagement et à la propriété du sol.

Les agents de l'administration forestière sont chargés pour ces bois de toutes les opérations relatives à la délimitation, au bornage, à l'aménagement, conformément aux sections 1re et 2e du titre III du Code forestier.

Aucune concession de droit d'usage ou affectation à titre particulier ne peut être faite dans ces bois.

L'administration forestière a le droit de faire dans les bois majoratisés, pour s'assurer que l'exploitation est conforme à l'aménagement, toutes visites et opérations qu'elle juge utiles.

Les majorataires pouvaient toujours aliéner, mais à charge de remploi. Bien plus, cette obligation d'aliéner quand il s'agissait d'immeubles situés à l'étranger, leur était expressément imposée, dans un délai variable. La demande examinée par le conseil du Sceau et l'Archi-Chancelier est soumise à l'Empereur. Si la demande est agréée les biens précédemment majoratisés rentrent dans le commerce.

Et pour éviter des collusions possibles, il est dit par le statut impérial que l'acquéreur devra de plein droit au titulaire les intérêts du prix jusqu'au payement, encore qu'ils n'eussent pas été stipulés et sans qu'il soit besoin de jugement. C'est là peut-être aussi une application de l'article 1652 du Code civil, quand les biens majoratisés étaient des immeubles productifs de fruits ou autres revenus. Cet acquéreur n'est pas libéré en versant aux mains du majorataire ; il ne peut faire ce versement que dans la caisse d'amortissement.

Le remploi doit être effectué dans les six mois de la vente. Les biens acquis ainsi prennent la nature et la condition des biens qu'ils remplacent.

En cas de décès sans descendance masculine d'un titulaire d'un majorat, le sort des biens était différent selon qu'il s'agissait d'un majorat *proprio motu* ou d'un majorat volontaire.

Dans le premier cas, les biens ou ceux acquis en remploi font retour au domaine extraordinaire ; dans le second cas, ils sont recueillis libres par tous les héritiers. Cependant, suivant les circonstances, l'Empereur peut, sur la demande du titulaire, transporter le titre et le majorat sur la tête d'un de ses gendres, ou, s'il n'a pas d'enfants, sur la tête de l'un de ses collatéraux ... « sans que, néanmoins, la présente disposition puisse préjudicier aux droits de légitime qui pourraient être dus sur les biens composant la dotation... »

En cas de décès du majorataire avec des fils, le majorat *proprio motu* peut être considéré comme ne faisant pas partie de la succession, au même titre que les autres biens. La succession se composera de deux éléments : les biens du majorat et les autres biens libres. La dévolution du majorat s'opérera en dehors des autres biens et en quelque sorte contre le gré du défunt et du nouveau titulaire.

L'aîné du titulaire pourra renoncer à la succession paternelle, la dévolution du majorat ne s'en opérera pas moins sur sa tête ; car, en créant le majorat, Napoléon a voulu que tous les aînés d'une race recueillent le titre et les biens qui y sont affectés. L'enfant du majorataire est institué, en quelque sorte, directement par l'Empereur, titulaire du majorat, et tous ses descendants par ordre de primogéniture le sont comme lui.

Toutefois une exception s'imposait, en présence de cette situation, d'un titulaire ne laissant pour biens successoraux qu'un majorat et plusieurs enfants Les puinés risquaient d'être misérables et de ne pouvoir même recevoir une éducation suffisante, à côté de leur frère jouissant d'un revenu important.

L'Empereur décide alors que les revenus du majorat serviront à l'instruction et à l'éducation des enfants mineurs, autres que le titulaire.

Il paraît inutile de rappeler que les filles n'ont aucun droit au majorat. Ce sont uniquement les fils qui porteront le nom et le titre du premier titulaire et qui ne perdront pas ce nom par un mariage. Ne peut-on penser aussi que ceux que l'Empereur a voulu favoriser sont ceux qui feront des soldats et des officiers ?

Ce sera donc le fils aîné, selon la dévolution de la loi salique, l'aîné de la branche aînée, et non pas comme on pourrait le croire, le plus âgé du premier titulaire, l'agnat le plus âgé. Et lorsqu'une branche sera entièrement éteinte, quant à la postérité masculine, l'aîné d'une autre branche se trouvera avoir droit au majorat et au titre.

La valeur du majorat *proprio motu* n'entrera pas dans le calcul de la réserve et de la quotité disponible d'une succession. Ces quotités disponible et réserve s'établiront sur le surplus des biens, et l'aîné pourra cumuler ainsi le majorat et la quotité disponible qui lui aura été léguée à titre de préciput.

Et cela se conçoit. Les biens composant les majorats sont astreints à tant d'obligations, soumis à tant de restrictions, et surtout frappés d'indisponibilité que les aînés qui les recueilleraient auraient été lésés. si ces biens avaient été mis dans leur part ou avaient été précomptés sur la part préciputaire que leur père voulait bien leur donner.

S'il en est ainsi des biens composant les majorats de propre mouvement et constitués par l'Empereur. il n'en pas de même des majorats sur demande, destinés à rendre héréditaire un titre qui autrement serait resté simplement viager.

Ces majorats volontaires sont tirés du patrimoine du titulaire et dans les dévolutions héréditaires qu'ils subissent successivement, ils entrent d'une façon plus réelle, plus complète, dans ce patrimoine. Les biens des majorats de propre mouvement sont l'objet d'une donation, ils sont tirés *ex nihilo* pour le titulaire et ses descendants; ils proviennent du domaine public, dont l'Empereur à la disposition, en ce qui concerne le domaine extraordinaire.

Pour les biens des majorats sur demande il n'en est pas de même : Le premier titulaire les a formés de ses biens sur lesquels ses héritiers ont un droit éventuel de réserve.

Sur les biens de ces majorats, s'ils excèdent la quotité disponible et la part de réserve de l'aîné, la réserve des puînés sera prélevée. Les biens majoratisés seront compris pour leur valeur dans la masse successorale, et si, ainsi, ils sont entamés pour parfaire la réserve, ils devront être complétés par le titulaire

S'ils ne sont pas complétés, le titre nobiliaire suivra le sort de celui du premier titulaire qui aurait négligé d'instituer un majorat sur demande, le titre sera viager jusqu'à ce que le complément soit effectué.

Il pourra en être ainsi à chaque génération.

Il eût été inique, lorsqu'un premier titulaire se composait lui-même un majorat, de frustrer ainsi tous ses enfants, sauf l'aîné, d'une grande partie de la succession. C'était par exemple un maire des trente-sept bonnes villes de France. Il avait droit au titre de baron et se constituait un majorat sur demande ; ses fils, sauf un, ses filles, à sa mort auraient été sans ressources, si la dévolution du majorat s'était effectuée selon les règles d'une dotation impériale.

Divers décrets jusqu'à la fin de l'Empire organisent et réglementent les majorats. Ce sont : celui du 21 décembre 1808, sur les inscriptions de rente 5 % consolidé et les actions immobilisées de la Banque de France ; celui du 4 Mai 1809, relatif à la conservation des biens affectés à la dotation des majorats. Par ce décret sont créés des agents conservateurs chargés de surveiller les majorats *proprio motu* situés hors de l'Empire et ayant les mêmes attributions que les agents des domaines pour les majorats de cette nature sis en France.

Ce décret soustrait aux juridictions étrangères les litiges concernant les majorats sis en pays étrangers, il les soumet au conseil d'Etat et au conseil du Sceau des titres. D'ailleurs la matière des majorats situés en France était une matière purement administrative et les tribunaux ordinaires n'avaient pas à en connaître.

Le titulaire devait, à peine de certaines déchéances, prendre possession des biens donnés dans l'année. Le décret du 17 mai 1809 est relatif aux biens qui peuvent être constitués et autorise la femme mariée à constituer un majorat en faveur de son mari et de leurs descendants des biens à elle propres, sans qu'il soit besoin d'autre autorisation que l'autorisation maritale. Le décret du 4 juin 1809 soumet à la retenue du dixième les arrérages et inscriptions de cinq pour cent consolidé, affectés à la dotation des majorats, pour former un compte au Trésor, dit compte d'accroissement qui servira lui-même à l'achat de nouvelles rentes majoratisées.

Le décret du 3 mars 1810 contient des prescriptions qui paraissent intéressantes à connaître. Il s'applique au siège des majorats.

Par ce décret, il est statué que le siège ou manoir des majorats sera établi dans une maison d'habitation à laquelle le majorat sera attaché et qui en fera partie, soit qu'il s'agisse d'une dotation, soit qu'il s'agisse d'un majorat sur demande. Les maisons d'habitation formant le siège des majorats seront pour les princes de l'Empire, ducs, comtes et barons, de la valeur de deux années du revenu du majorat, au minimum. Si la maison d'habitation n'a pas été désignée dans les lettres-patentes, les titulaires doivent acquérir une maison et la comprendre au majorat, sinon il leur est retenu pendant six ans un tiers du revenu du majorat, et cette retenue sert à l'acquisition d'une maison.

Les princes impériaux, les princes grands dignitaires pourront placer sur les maisons d'habitation qu'ils occupent à Paris, cette inscription : « palais du prince de ..... ». Les maisons d'habitation des autres princes et des ducs de l'Empire seront nécessairement à Paris et porteront l'inscription suivante : « palais du prince de ....., palais du duc de ..... ».

Quant aux maisons d'habitation des comtes et des barons de l'Empire, elles pourront être placées indifféremment à Paris, ou dans un chef-lieu d'arrondissement ou de département. Elles porteront aussi l'inscription suivante : « hôtel du comte de ....., hôtel du baron de ..... ». Il n'est rien prescrit à cet égard aux chevaliers de l'Empire.

Les ducs seuls pourront placer leurs armoiries sur les faces extérieures des édifices et bâtiments composant leurs hôtels.

Un décret du 11 juin 1811 remédia à différentes difficultés nées de celui du 3 mars 1810. L'exécution de ce dernier décret était souvent onéreuse pour ceux dont les propriétés sont trop éloignées des villes, chefs-lieux de département ou d'arrondissement Il empêchait que les terres formées en corps de domaine et réunies autour d'une habitation de maître, ne fussent constituées en majorat, cette habitation ne pouvant pas en être le siège. Il arrivait alors que la plupart des majorats étaient composés de biens épars « ce qui, dit le décret....., nuit aux avantages et à l'éclat de l'institution et ajoute beaucoup aux risques et aux embarras de la surveillance.... ».

Le décret du 11 juin 1811 permet donc de placer le siège du majorat contrairement à ce qui était imposé précédemment.

Un décret du 22 décembre 1812, contient diverses dispositions ayant pour objet d'empêcher que les biens des majorats de propre mouvement ou sur demande soient diminués sous de bonnes et justes cautions par l'insuffisance de la défense et la collusion des parties.

Un décret du 4 juillet 1813 est rendu sur le mode de constater les remplois et les échanges des biens affectés aux majorats et dotations, un autre du 11 novembre 1813 concerne les rentes dépendant des dotations.

S'il n'existait pas de titres transmissibles sans être accompagnés d'un majorat, il pouvait en revanche exister des majorats sans titre nobiliaire. Ceci ressort d'un décret du 3 mars 1810.

Les majorats de cette nature sont d'un revenu inférieur à 2.000 francs minimum pour qu'un titre, celui de chevalier de l'Empire, puisse être conféré. Toutes les prescriptions d'investiture et de transmission héréditaire spéciale s'appliquent aux majorats sans titre.

Néanmoins, ces dotations inférieures à 2.000 francs peuvent, d'après le décret, être considérées comme le commencement de la dotation d'un titre. Si le majorataire reçoit une seconde dotation qui, cumulée avec la première, forme un revenu suffisant, il pourra être investi du titre de baron ou de chevalier, s'il remplit les conditions requises ou s'il obtient ce titre ... « de notre grâce »...

Ce donataire pourra également compléter le revenu de la dotation par la constitution d'un majorat volontaire et ainsi pouvoir solliciter la collation d'un titre.

L'institution de majorats cadrait trop avec les idées monarchiques pour qu'elle ne fut pas maintenue par la restauration des Bourbons. Elle fut au besoin étendue, quelquefois modifiée, notamment en ce qui concerne les pairs.

Au moment de la Révolution de 1830, le nombre des majorats fondés en vertu du décret du 1er mars 1808 s'élevait à 440. Ils donnaient un revenu annuel de près de 4 millions.

L'institution des majorats était une chose anti-démocratique et même immorale. La détention des biens par l'aîné dans une famille, aîné vivant dans l'opulence, à côté de frères misérables, pouvait être l'origine de haines domestiques, de crimes même. Hoffmann, dans un roman célèbre qui a justement pour titre *Le Majorat*, nous conte la série de crimes nés de la constitution d'un majorat, par un baron de la région de la mer Baltique. On y voit un frère meurtrier de son frère, au milieu d'autres drames et d'autres crimes. Mais il faut remarquer que cela ne se passe pas en France. Sans aller aussi loin, on peut croire que la création d'un majorat n'était pas chose à souhaiter. Les immeubles ainsi majoratisés étaient mis hors du commerce; leur possession laissait supposer pour leur propriétaire un crédit qui était irréel et qui pouvait être la cause de fraudes nombreuses envers les créanciers. Bien mieux, c'était pour les majorataires un devoir de frustrer ces créanciers et de conserver indemne leur majorat. Nous avons vu que les biens du majorat ne pouvaient être hypothéqués ni autrement donnés en gage. Un système de publicité, antérieurement à la loi sur la transcription, avait bien pour but de faire connaître cette situation aux tiers. Mais était-il bien suffisant ?

Ainsi donc inégalité des partages dans les familles, entrave à la libre circulation des biens, création d'une espèce de mainmorte, perte pour le fisc des droits de mutations entre vifs qui étaient dus, ou réduction des droits après décès, tels étaient les inconvénients des majorats, en contradiction avec l'organisation sociale, les droits de famille, l'économie politique et l'équité.

Je sais que cette situation existe dans d'autres pays, dans certaines parties de l'Allemagne et surtout en Angleterre. On a même donné à cette institution et au droit d'aînesse toutes les vertus. On a dit que les familles étaient ainsi plus nombreuses, parce que le domaine du père de famille n'était pas morcelé, que les puinés étaient obligés d'essaimer et qu'ainsi ils avaient créé et peuplé les colonies qui sont la gloire et la fortune de l'Angleterre.

La faculté d'expansion coloniale, l'augmentation de la natalité d'un peuple tiennent à des causes nombreuses et toute autre. Le paysan français ne pouvant plus user du droit d'aînesse a rétabli ce droit d'une autre façon, il a créé le fils unique. La possibilité de ne pas morceler l'héritage peut avoir influencé l'accroissement des familles. Mais cela a influé dans des proportions minimes et la diminution de la natalité et de la nuptialité françaises ont d'autres causes que les lois ne sont pas encore parvenues à enrayer.

CHAPITRE X

NATURE JURIDIQUE DU MAJORAT
(Proprio motu)

La nature juridique du majorat *proprio motu* a fait l'objet de diverses discussions qui n'ont plus guère d'objet depuis la loi de 1905 qui les a abolis.

Trois opinions systématiques peuvent être émises :

Pour les uns, le majorat est un usufruit, pour d'autres une pension, une sorte de rente servie par l'Etat, pour d'autres, enfin. le majorat est une propriété.

Nous allons examiner les trois systèmes et les arguments donnés par leurs auteurs.

Pour les uns, le majorat est un usufruit.

C'est un usufruit conféré par l'Etat ou son représentant, l'Empereur, sur les biens de l'Etat.

Et partisans de ce système donnent comme argument les nombreuses et rigoureuses prescriptions auxquelles sont soumis les titulaires par l'Etat qui serait leur nu propriétaire.

Prescriptions relatives à la gestion, surveillance quant aux revenus, prescriptions relatives à l'emploi d'un majorat réalisé, comme celles qui sont imposées à l'usufruitier d'un capital mobilier, alors que cet usufruitier n'est pas dispensé d'emploi.

Un grand argument encore des partisans du système de l'usufruit réside dans la loi fiscale qui s'appliquait aux dévolutions des majorats à chaque décès. La valeur du majorat est soumise aux droits successoraux au taux des usufruits (avant la loi de 1901), c'est-à-dire dix fois le revenu pour les immeubles urbains et douze fois et demi le revenu pour les biens ruraux.

Il n'est pas possible cependant d'admettre cette théorie et le majorat n'est pas un usufruit. renouvelé à chaque décès, sur une nouvelle tête alors que le droit d'usufruit est d'essence viagère sur une tête.

Les prescriptions établies pour l'administration des biens majoratisés viennent uniquement de ce que l'Etat a sur ces biens un droit, éventuel il est vrai, très éloigné peut-être, mais certain. L'Etat a intérêt à ce que ces biens ne soient pas dilapidés. L'Etat conserve sur ces biens quelque chose analogue au domaine éminent du seigneur féodal qui a concédé un fief ou une tenure noble.

Si la gestion du titulaire est également surveillée, c'est que l'Empereur a voulu que cette gestion soit toujours rémunératrice, et que le titulaire reçoive toujours un revenu à peu près égal à celui sur lequel il a compté; qu'il vive avec des revenus suffisants pour soutenir son titre et son rang.

Et quant à l'argument tiré d'une loi fiscale, il a toute la valeur des arguments tirés de la fiscalité : c'est-à-dire aucun. Très souvent, je pourrais dire constamment, la loi fiscale et la loi civile sont en opposition. C'est que la première a un but précis : créer et faire entrer un impôt. La loi civile obéit à des motifs plus élevés et à des considérations plus hautes d'équité et de justice.

Nous ne dirons donc pas que le titulaire d'un majorat a l'usufrit de son majorat. On ne concevrait d'ailleurs pas quelqu'un qui détiendrait à la fois et la nue propriété et l'usufruit d'un bien déterminé.

Le deuxième système prétend que les majorats sont de pures pensions. C'est à peine un système tant il est fragile, ou plutôt il repose sur de telles confusions de mots et d'idées que sa réfutation est à peine nécessaire.

Le majorat est une pension. Cette idée paraît s'être fait jour en 1905, au cours des débats parlementaires qui, en établissant le budget de 1906, a aboli aussi les majorats. Et l'on peut comprendre jusqu'à un certain point qu'une loi de finances, généralement hâtive, ne peut avoir l'ampleur voulue, quand elle s'applique à un autre sujet que le budget.

Un parlementaire avait demandé la suppression de ces pensions payées par l'Etat, il avait d'ailleurs demandé l'annulation des rentes servies par le Trésor aux porteurs d'inscriptions du Grand Livre, assimilant sans doute ces rentes à des pensions sans motif, et ignorant qu'elles représent le revenu bien réduit d'un prêt fait à l'Etat et dont l'Etat profite encore.

L'idée était simpliste et provenait en partie de ce que plusieurs majorataires avaient réemployé les biens majoratisés en inscription au Grand Livre de la Dette publique.

Les débats parlementaires ont prouvé que les rentes inscrites au Grand Livre formaient 83 0/0 des biens majoratisés qui existaient encore en 1905.

Les rentes majoratisées étaient ainsi qualifiées de dettes d'anciens régimes par opposition aux dettes de la nation.

Sans doute, il existait sous forme de rentes inscrites au Grand Livre encore quelques rentes d'anciens régimes, et cela servait à faire une généralisation des plus injustes. On se rappelle que les débats révélèrent que le Dauphin, fils de Louis XV, tua à la chasse un de ses invités, et que depuis cette époque, tous les régimes qui se succédèrent en France tinrent à honneur de servir aux descendants de la victime une rente importante. Mais là encore, les descendants avaient acquis, par le fait de ce meurtre, un droit à un capital, la propriété d'une indemnité que lui devait l'Etat. ou le prince qui se confondait alors avec l'Etat. Et ce n'était pas là une rente constituée sans motif, sans *causa civilis*, sans raison. On aurait pu, et avec plus de motifs, verser aux victimes de l'accident une somme d'argent, leur remettre un immeuble. De cette somme d'argent, du prix de cet immeuble, ils auraient pu acquérir d'autres biens, acheter même des rentes sur l'Etat, et il ne serait venu à l'esprit de personne de leur contester la propriété de ces dernières acquisitions et de cette rente.

Un sénateur appelait ainsi ces rentes, et il s'adressait surtout à celles appartenant à des majorataires : «.. un simple revenu, sans droit sur un capital, c'est-à-dire des pensions... »

La constitution de domaine extraordinaire nous a montré la fausseté de cette théorie. Le domaine extraordinaire, des fonds dont il disposait, avait à plusieurs reprises acquis à deniers comptant des rentes sur le Grand Livre, rentes qu'il avait lui-même données aux titulaires des majorats.

L'Empereur avait fait des libéralités nombreuses à ses généraux, à ses officiers, et ces libéralités étaient en argent S'il fallait suivre le raisonnement des parlementaires de 1905, il aurait fallu supprimer les rentes de ceux qui avaient ainsi employé les dons à eux faits et on aurait laissé indemnes ceux qui auraient fait d'autres placements en terres, en créances? On aurait ainsi puni ceux qui avaient eu foi dans le crédit de l'Etat au lieu de faire des placements souvent à l'étranger.

A toute époque, les souverains ont remis à leurs fidèles des sommes d'argent. C'était leur droit. Napoléon le pouvait sans aucun doute et la constitution lui reconnaissait ce pouvoir. Il en usa très souvent. Encore, dans un pays voisin, après des victoires inattendues remportées contre les Français, le vainqueur fit à ses généraux d'abondantes remises d'argent.

Les valeurs représentant un majorat avaient même un grand avantage. Les droits du Trésor public étaient sauvegardés pour l'avenir. Ces droits auraient pu ne pas l'être et bien souvent ils n'ont pas été réservés lors des dons faits.

Nous avons vu aussi qu'une partie du capital du majorat était constitué par le revenu du majorat lui-même et par les retenues qui étaient faites forcément sur ce revenu. Cette partie reconstituée en capital devait-elle être aussi enlevée au propriétaire ?

Des erreurs juridiques se rencontrent au cours des débats dans des bouches où elles étonnent. Le rapporteur du budget croit pouvoir dire : « ... Aucune confusion n'est possible entre ces titres qui mentionnent l'origine et la cause des majorats et ceux qui constatent les justes dettes de l'Etat. »

De pareilles affirmations désarment.

Au cours des débats parlementaires qui ont précédé la loi abolitive des majorats. et leur rachat des titulaires, on a pu voir également un orateur parler du maigre salaire de l'ouvrier et du morceau de pain qu'il réclame en vain pour sa retraite, alors que l'Etat verse sans cause, sans motif (disait-il), depuis cent ans, plus de 15 millions annuels à des familles opulentes.

Ce sont là des arguments destinés à obtenir une décision d'impression.

Le Ministre des Finances, d'ailleurs, répondit victorieusement à de tels arguments. Il déclara que supprimer les rentes des majorataires constituait une spoliation pure et simple, que ces rentes étaient une propriété et qu'il était prêt à descendre du pouvoir si une loi aussi injuste pouvait être votée. Il fit allusion encore au crédit de l'Etat qui se trouverait entamé, s'il pouvait être permis d'examiner l'origine d'une propriété, pour, au gré des fluctuations des partis, supprimer cette propriété ; et il déclara que si la prescription n'avait pas rendu les majorataires titulaires de leur rente, tout au moins ils avaient contre l'Etat un titre formel, intangible; l'inscription au Grand Livre se suffisant à elle même.

Reste la troisième opinion, qui est celle émise par un très éminent homme d'Etat, Waldeck-Rousseau, et à laquelle il faut se rallier; elle se résume dans ces mots :

« Le majorat est une propriété. »

Sans doute cette propriété est soumise à bien des restrictions et à des entraves. N'en est-il pas de même de bien d'autres propriétés, et dira-t-on qu'un immeuble sujet à l'éventualité d'un alignement urbain n'appartient plus à son propriétaire, mais à la commune où il se trouve ?

Les arguments abondent quand on déclare que le majorat est une propriété et qu'on lui restitue ainsi son caractère exact.

Le majorat est une propriété soumise à une seule éventualité : le retour. C'est une propriété perpétuelle, sauf le seul cas de résolution, lorsque aucun descendant mâle du premier titulaire ne subsiste.

Il n'est soumis quant à la propriété qu'à cette condition résolutoire, qui ne prendra effet qu'au moment où elle surviendra, sans effet rétroactif.

On peut l'assimiler à la propriété qui réside sur la tête

d'un donataire des biens soumis au retour conventionnel ou légal. Le donateur a décidé en disposant que les biens donnés lui feront retour si le donataire décède avant lui, sans postérité, ou si sa postérité disparaît elle-même sans descendant, quels qu'ils soient, masculins ou féminins. Il ne viendra, dans ce cas, à l'idée de personne de dire que ces biens ainsi soumis à une pure éventualité sont restés dans le patrimoine du donateur et n'appartiennent pas au donataire.

L'éventualité de la disparition de toute descendance masculine et par suite du retour à l'Etat était très variable mais n'était pas si certaine que cela peut paraître. Si un majorat avait été constitué au profit de Hugues Capet, ce majorat existerait encore depuis plus de mille années et il ne serait pas prêt de s'éteindre. Les descendants masculins de ce duc de France sont encore nombreux. Les descendants mâles de la maison de Lorraine-Autriche sont fort nombreux, indépendamment des agnats qu'elle a laissés en France. Parmi les titulaires dont les lettres-patentes sont rapportées dans cette étude, l'un d'eux a laissé à l'heure actuelle, depuis 1809, date de la dotation, 12 descendants masculins, dont 8 entre 50 et 8 ans sont encore vivants.

L'Empereur permettait de transmettre le titre et le majorat à un fils adoptif, qui acquérait ainsi tous les droits de l'adoptant et empêchait le retour à l'Etat.

L'exposé des motifs de la loi de 1905 déclare que : le nombre des majorats *proprio motu* qui était de 58 au 1er janvier 1852 s'est abaissé à 36 au 1er octobre 1904, soit une diminution de 22 majorats seulement en l'espace de 52 ans. »

Il y est ajouté que « des calculs qui ont été effectués. il résulte que si, dans l'avenir, les majorats continuent à s'éteindre dans la même proportion qu'ils l'ont fait de

1852 à 1903, le dernier ne disparaitra que dans 461 ans et que la durée moyenne sera probablement de 157 ans ... »

Un droit semblable se rapproche bien du droit de propriété.

Le droit du majorataire est parfaitement défini dans la célèbre consultation de Waldeck-Rousseau :

« ... Un majorat est un bien *sui generis* conféré au bénéficiaire, entré dans son patrimoine, incorporé à sa fortune et qu'il possède, quelle que soit sa nature, au même titre que tous ses autres biens, à titre de propriétaire ... »

Et il ajoute, en réponse à ceux qui proposaient de spolier purement et simplement les majorataires :

« ... S'il suffisait de constater qu'une loi peut tout, pour que cette loi soit édictée, tout débat, il est vrai, deviendrait inutile. Mais on ne peut se proposer de faire une loi injuste, parut-elle avantageuse. A supposer que l'Etat, au lieu de donner un majorat, eût donné à son titulaire des biens en toute propriété, il serait avantageux, il serait possible, mais il serait inique, de révoquer par une loi cette libéralité. Ce serait commettre une violation légale du droit de propriété. Or, quelle que soit la nature des biens donnés, le critérium d'appréciation ne varie pas et l'injustice de reprendre ce qui a été donné reste la même ... »

Et en déclarant ainsi que le majorat est bien une propriété, on tranche la question délicate et si controversée des droit acquis.

Inutile d'examiner si tous les descendants non encore nés ont des droits acquis ; le majorat est un bien qui leur reviendra, comme les autres biens de leur auteur, à moins que le droit successoral ne soit aboli ou que la propriété particulière ne disparaisse.

Il faut donc en revenir toujours à cette idée : c'est qu'au lieu d'un majorat, grevé d'un droit de retour, l'Empereur pouvait donner une somme d'argent, et à moins d'établir la théorie révolutionnaire de la revision des fortunes et de leur origine ou d'en descendre à la barbarie collectiviste, cette somme et les biens acquis seraient toujours restés sans contestation possible au dotataire et à ses héritiers.

En admettant que le majorat est une propriété, disparaît également la discussion de savoir si son abolition constitue une loi rétroactive.

Voici comment il était procédé en pratique, lorsque le domaine extraordinaire faisait une concession, et nous croyons pouvoir rapporter littéralement une concession immobilière faite à un noble de l'Empire.

CHAPITRE XI

EXEMPLE DE CONSTITUTION D'UN MAJORAT
(Proprio motu)

Lettre d'investiture d'un lot de biens domaniaux
dépendant du domaine de la Rhentmeisterey de Marbourg

L'an 1810, le neuvième jour du mois de mars, Monseigneur le prince Archi-Chancelier de l'Empire a présidé dans son palais la séance du conseil du Sceau des titres, où étaient présents : Monsieur le comte G. Garnier, président du Sénat conservateur ; Monsieur le comte Saint-Martin, Monsieur le comte Colchen, sénateurs ; Monsieur le comte d'Hauterive, Monsieur le comte Portalis, conseillers d'Etat ; Monsieur le baron Pasquier, conseiller d'Etat, procureur général du conseil du Sceau, et nous secrétaire général soussigné.

Son Altesse Sérénissime a fait donner lecture de la requête présentée par Monsieur Jean-Baptiste-Jacob P..., tendant à ce qu'il plaise à son Altesse Sérénissime ordonner qu'il lui soit délivré des lettres d'investiture des biens qu'il a plu à Sa Majesté impériale et royale d'attacher au titre de chevalier de l'Empire, dont ledit sieur P... a été revêtu.

A l'instant a été introduit M⁰ de Joly, avocat au

conseil d'Etat, autorisé par décision de son Altesse Sérénissime à représenter mondit sieur P...; Me de Joly a déposé sur le bureau, pour être jointes aux présentes, expédition de la procuration à lui donnée par les sieurs Bonnet-Leroux, par acte passé devant Me Schetz, notaire à Paris ; lesdits sieurs Bonnet-Leroux, agissant en vertu de la procuration contenant pouvoir de substituer à eux donnée par le sieur P... devant Me Delahaut, notaire à Charleville, le 2 août 1809. L'original légalisé a été déposé audit Me Schetz par acte du 12 août 1809, le tout enregistré.

Le secrétaire général de l'ordre de son Altesse Sérénissime a donné lecture du décret qui accorde et spécifie ces biens et dont la teneur suit :

« *Au Palais des Tuileries, le 25 février 1809.*

» NAPOLÉON,

» Empereur des Français, Roi d'Italie, Protecteur de la Confédération du Rhin.

» Sur le rapport de notre ministre des finances, Nous avons décrété et décrétons ce qui suit :

ARTICLE PREMIER

» Sur les biens que nous nous sommes réservés dans le royaume de Westphalie, dont la prise de possession a eu lieu en exécution de notre décret du 4 août 1807, ceux compris dans les 142 états annexés au présent et produisant un revenu de 284.280 fr. 23 centimes sont affectés en toute propriété aux officiers de nos armées, en récompense des services qu'ils nous ont rendus, dans le cours des dernières campagnes, conformément à notre décret du 19 mars 1808.

» Les biens détaillés dans l'état numéro 751, montant à un revenu de 2.003 fr. 28 centimes, à la donation que nous avons faite à Monsieur P...

ARTICLE DEUX

» Aucune portion de ces biens ne pourra être aliénée ou échangée qu'avec notre autorisation spéciale. Les fonds qui proviendront de ces ventes ne pourront être employés qu'en action de notre Banque impériale, ou qu'en achats de terres dans l'intérieur de notre Empire.

ARTICLE TROIS

» La jouissance des biens énoncés aux états ci-annexés partira du 1er janvier 1808.

ARTICLE QUATRE

. Notre Ministre des Finances est chargé de l'exécution du présent décret.

» NAPOLÉON.

» Par l'Empereur.

» *Le Ministre secrétaire d'État,*

» Hugues-B. MARET.

» *Le Comte de l'Empire, Ministre des Finances,*

» GAUDIN. »

Procès-verbal de la composition d'un lot de deux mille francs, ci . . . . 2.000 »

« Au nom de Sa Majesté Napoléon Ier,

» Empereur des français, roi d'Italie,

» Protecteur de la Confédération du Rhin,

» Nous soussigné, Gabriel Raymond Ginoux, directeur de

l'Enregistrement et des Domaines de France, commissaire délégué pour l'exécution dans le royaume de Westphalie des décrets impériaux des 4 août 1807 et 17 mars 1808, le premier ordonnant la saisie et la prise de possession des domaines existants dans ledit royaume provenant soit du prince, soit des États, soit des provinces; et le second la composition des différents lots pour former les donations en revenus de ces mêmes domaines, réglés par Sa Majesté; avons procédé à la composition d'un lot de domaines produisant un revenu de la somme de 2.000 francs, libre de toutes charges et hypothèques, autre que la contribution ordinaire, de la manière suivante :

» Biens devant composer le lot de deux mille francs, ci . . . . 2.000 »

ARTICLE PREMIER

» Biens dépendant du domaine de la Rhentmeisterey de Marbourg, provenant du prince de Hesse-Cassel, situé commune, canton et district de Marbourg, département de la Verra.

§ 1er. Revenus corporels.

» 6 arpents de terres labourables, situés à Kleinseckheim, affermés à Emmeric Schweinhirt, dudit lieu, par bail passé devant la Chambre des domaines, à Cassel, en mars 1807, pour 6 ans expirant à Saint-Pierre 1813, moyennant un fermage annuel de 1 maltre 8 metz de seigle et 6 metz d'avoine et 40 œufs évalués à 16 écus, 26 gros, 6 pfennigs.

» Payables à Saint-Pierre et faisant, à 3 francs 88 centime 1/2 l'écu, 65 francs 38 centimes, ci 65 38

» 3 arpents de terre à Kleinseckleim, affermés

____

A reporter. . . 65 38

Report . . .   65 38

à Daniel Hedderick, par bail de mars 1807, pour 6 ans expirant à Saint-Pierre 1813, moyennant le fermage annuel de 12 metz de seigle, 3 metz d'avoine et 20 œufs, le tout évalué à 8 écus 13 gros 3 pfennigs payables à Saint-Pierre, soit   32 69

» 6 arpents de terre à Kleinsecklein, affermés à Adolphe Minck dudit lieu, par bail de mars 1807, pour 6 ans expirant à Saint-Pierre 1813, moyennant le fermage de 1 maltre 8 metz 1/2 de seigle, 7 metz d'avoine et 50 œufs.

» Le tout évalué à 17 écus 14 gros 9 pfennigs. Payables à Saint-Pierre 67 84

§ 2. Revenus corporels. — Rentes.

» Une rente emphytéotique due par Jean-Adam Grim, demeurant à Frouhausen, pour concession d'une ferme dite Burghof, consistant en 64 arpents 1/4, 6 perches de terre ; 8 arpents 1/2, 36 perches de pré, et 4 arpents 1/2, 13 perches de jardin, suivant titre du 20 décembre 1806, montant à 125 écus.

» Payables à Saint-Martin.

» Une autre par Balthazar Müller et Gaspar Weber, de Wolfshausen, sur une ferme audit lieu, consistant en 14 arpents 1/2, 13 perches 3/4 idem, suivant titre du 30 mai 1805, montant à 12 metz d'avoine, 2 oies, 2 poulets, 2 poules et 12 albus, le tout évalué à 11 écus 16 gros.

» Une autre due par Thomas Brunch, Conrad Schmiet, Jean-Henry Schneider, de Frauenberg,

A reporter . . .   165 91

Report . . .   165 91

pour concession d'une ferme audit lieu, suivant titre du 6 mars 1806, montant à 14 maltres de seigle, 4 maltres d'avoine, évalués à 57 écus 16 gros.

» Une autre due par Georges Kaletsch, de Niederwalgern, sur une ferme au lieu dit, de 18 arpents 28 perches de terre, suivant titre du 30 mars 1805, montant à 12 metz de seigle et 12 metz d'avoine évalué à 10 écus 25 gros.

» Une autre due par Jean-Georges Krume, de Frouhausen, sur 4 arpents de terre, suivant titre du 8 novembre 1792, montant à 8 metz de seigle, 8 metz d'avoine, évalués à 7 écus 6 gros.

» Une autre due par Jean-Conrad Schmiet, de Frouhausen, pour concession d'une ferme audit lieu, montant à 5 maltres de seigle et 5 maltres d'avoine, évalués à 80 écus 20 gros.

» Ces rentes sont payables à Saint-Michel, à Saint-Martin et 31 décembre, en argent, de convention faisant à 3 francs 88 centimes 1/2 l'écu.   1.136 75

§ 3. Dixmes.

» Les dixmes qui se perçoivent en production de toute nature sur le territoire de la commune de Grosseklein, évaluées d'après les derniers procès-verbaux d'adjudication du 26 septembre 1807 à un revenu annuel de 180 écus 11 gros, faisant à 3 francs 88 centimes 1/2 l'écu.   700 64

» Total : Deux mille trois francs vingt-huit centimes 2.003 28

Titres.

» 1⁰ Les baux des biens fonds désignés sous le § 1er ;

» 2⁰ Les contrats emphytéotiques des rentes avec tous les actes y relatifs ;

» 3⁰ Les procès-verbaux d'adjudication rendus pour l'an 1803.

» Ces titres existent aux archives du domaine, à Cassel.

Administration.

» Le domaine de la Rhentmeisterey de Marbourg est administré par M. Schmitz, demeurant audit lieu, lequel a en sa possession les copies desdits titres dont il se sert pour faire sa perception.

» Tous lesquels biens appartiennent à Sa Majesté l'Empéreur Napoléon, en vertu de la prise de possession qui a été faite en son nom, conformément au décret impérial du 4 août 1807, suivant procès-verbal du 26 septembre de la même année; et encore en exécution du traité conclu le 22 avril 1808 entre Sa Majesté l'Empereur Napoléon et Sa Majesté le Roi de Westphalie.

» Fait, composé et arrêté le présent lot à la somme de 2.003 fr. 28, sans garantie du plus ou du moins de mesure des biens qui le composent, avec jouissance du revenu à compter du 1er janvier 1808.

» A Cassel, le 18 décembre 1808,

» (Signé) : GINOUX.

» Vu et approuvé par l'Intendant général de l'armée du Rhin.

» A Erfürt, le 11 février 1809.

» (Signé) : VILLEMANZY.

« Pour copie conforme :

» *Le Comte de l'Empire. Ministre des Finances,*

» (Signé) : GAUDIN.

» Lecture faite, son Altesse Sérénissime le prince Archi-Chancelier, au nom de Sa Majesté l'Empereur et Roi, a déclaré à M° de Joly, agissant pour M. P..., que la concession des biens spécifiés dans le décret ci-dessus transcrit est faite pour en jouir sous les conditions fixées par les statuts impériaux du 1ᵉʳ mars 1808, notamment dans les articles 18, 35, 36, 40, 45, 48, 50, 51, 52, 53 et 54 du deuxième statut ; et encore sous les conditions fixées par le statut du 4 mai 1808 et autres.

» Ces statuts ont été lus :

» Son Altesse Sérénissime le prince Archi-Chancelier de l'Empire a ajouté que cette concession est faite en outre à la condition que, pour se conformer aux dispositions de l'article 18 du second statut du 1ᵉʳ mars 1808, M. le chevalier P... paiera dans la caisse de la Légion d'honneur et dans celle du conseil du Sceau des titres, à chacune par moitié, le cinquième d'une année de revenu des biens compris aux présentes lettres d'investiture.

» Pour se libérer de la somme que M. le chevalier P... doit verser auxdites caisses et dont il a déjà payé un cinquième comptant ainsi qu'il appert par les quittances à lui délivrées les 8 et 9 septembre 1808, par les sieurs Robut, trésorier du conseil du Sceau des titres, et Dubois, caissier général de la caisse d'amortissement, faisant pour la Légion d'honneur.

» M. le chevalier P.... paiera le 8 septembre de chacune des années 1810, 1811, 1812, 1813, la somme de 80 francs, conformément aux annuités qu'il a souscrites et ainsi que le tout est réglé par le décret impérial du 17 mars 1808.

» Sur l'interpellation faite à M° de Joly audit nom, par Son Altesse Sérénissime Monseigneur le prince Archi-Chancelier de l'Empire, au nom de Sa Majesté, M° de Joly a répondu que M. le chevalier P... remerciait très humblement Sa Majesté impériale et royale, de la concession qu'elle voulait bien lui faire, qu'il l'acceptait avec reconnaissance, et que lui, M⁰ de Joly, en vertu des pouvoirs qui lui ont été conférés par la procuration ci-devant relatée, promettait tant pour M. le chevalier P... que pour ses successeurs, d'accomplir toutes les conditions ci-dessus énoncées et autres contenues dans les deux statuts.

» Et à l'instant, Son Altesse Sérénissime le prince Archi-Chancelier de l'Empire, après avoir entendu les conclusions du Procureur général et pris l'avis des membres du Conseil, a déclaré au nom de Sa Majesté l'Empereur et Roi : 1° que les biens spécifiés par décret du 25 février 1809 sont attachés au titre de Chevalier de l'Empire, conféré par Sa Majesté à M. P...; 2° qu'ils ne peuvent être engagés ni hypothéqués, qu'ils devront être vendus le plus tôt possible et au moins la moitié dans 20 ans et l'autre moitié dans les 20 années suivantes, après que le titulaire aura fait approuver les conditions de la vente et du remploi par le conseil établi auprès de l'intendant du domaine extraordinaire; 3° que la jouissance desdits biens ne peut être assujettie à d'autres charges que celles mentionnées dans les articles composant la deuxième section du titre III du deuxième statut; 4° que lesdits biens seront transmis avec le titre auquel ils sont attachés à la descendance directe et légitime, naturelle ou adoptive, de mâle en mâle, par ordre de primogéniture de M. le chevalier P..., auquel il a été à cet effet expédié des lettres-patentes nécessaires pour jouir de son titre, le tout conformément à la volonté de Sa Majesté; 5° que dans le cas de l'extinction de la descendance masculine et légitime de M. le chevalier P..., la condition de retour en la personne de Sa Majesté impériale et royale ou de ses successeurs s'accomplira sur les biens spécifiés dans le décret ci-dessus transcrit ou sur ceux qui auraient pu être acquis en remploi.

» Son Altesse Sérénissime a ordonné qu'expédition des présentes, signées du prince Archi-Chancelier et de nous, Secrétaire général, serait délivrée à M. le chevalier P..., pour lui servir de lettres d'investiture des biens ci-dessus détaillés et qu'une expédition pareillement signée serait présentée par Son Altesse Sérénissime à Sa Majesté impériale et royale.

» Fait à Paris, les jour, mois et an susdits.

» Et ont signé,

» Ainsi signé :

> » *Le prince Archi-Chancelier de l'Empire,*
> » CAMBACÉRÈS.
> » DE JOLY.

> » *Le Secrétaire général du conseil du Sceau des titres,*
> » Le baron DUDON. »

CHAPITRE XII

REMPLOI EN CAS D'ALIÉNATION

Les conditions des ventes des biens majoratisés et du remploi des prix de ces ventes étaient extrêmement rigoureuses et entourées d'une multiplicité de formalités et de garanties qu'expliquent seuls le désir de l'Empereur de voir les membres de la nouvelle noblesse jouir de ressources importantes, et aussi, bien plus encore, l'intérêt du domaine de l'Etat à qui devaient revenir les biens ou ceux qui leur servaient de remploi, en cas d'extinction de la descendance masculine.

On se rendra compte du nombre et du caractère de ces formalités, en rapportant ce qui s'est passé pour le majorat d'un comte de l'Empire, le comte D...

Par des lettres-patentes de 1808, l'Empereur avait conféré le titre nobiliaire. Ce titre devenait héréditaire par la dotation faite en biens situés dans le département du Nord, en actions du canal du Midi, en biens immeubles sis dans les pays nouvellement conquis, le tout provenant du domaine extraordinaire.

. Un décret d'investiture du 24 août 1810 s'appliquait notamment aux actions du canal du Midi et deux décrets du 1er janvier 1812 et du 8 janvier 1813, aux biens du département du Nord. Les biens sis à l'étranger furent perdus purement et simplement pour le titulaire à la suite des événements de 1814.

Le comte D..., en 1827, voulut réaliser ses immeubles du Nord, et à la date du 27 mai de cette année, intervint une ordonnance royale, autorisant cette aliénation. L'autorisation fut donnée sous la condition que les prix seraient remployés en rentes sur l'Etat, immobilisées et affectées des charges imposées aux majorats.

L'aliénation des biens ne put avoir lieu que longtemps après et l'autorisation conserva toute sa valeur pendant quatorze années. Cette aliénation eut lieu par deux actes, des 28 octobre et 29 novembre 1841, moyennant un prix de 385.200 francs.

Au fur et à mesure des ventes des biens majoratisés étaient effectués des emplois en rente 3 %. Ces emplois n'étaient pas encore complets quand le comte D... décida de faire porter son majorat sur un domaine situé dans l'arrondissement de J....., département de la Charente-Inférieure, consistant en un château, le château de M....., sis commune de ce nom, et diverses métairies. terres. prés et bois, d'une contenance totale de 269 hectares 89 ares, et d'un revenu de 12.250 francs par an.

La terre de M..... avait été acquise à titre libre, dès le 30 juillet 1813, par le comte D...

Si cette décision était approuvée et si le transfert du majorat était accepté, les rentes immobilisées provenant de l'emploi des prix des biens du département du Nord, et ceux de ces prix qui étaient encore dus, devenaient libres et pouvaient être reçus par le majorataire.

L'opération juridique ainsi établie avait pour résultat de substituer un nouveau domaine à l'ancien et de faire porter sur ce nouveau domaine les droits de l'Etat, la surveillance de l'Etat. Elle équivalait à un échange. Les diverses administrations desquelles dépendait l'autorisation, le ministère des finances, la direction des domaines, de l'enregistrement, n'avaient rien à refuser au titulaire qui avait tout fait pour elles.

Le comte D... était l'un des auteurs de la loi du 22 frimaire an VII, le plus redoutable instrument fiscal qui ait jamais été créé contre les contribuables français.

On remarquera ci-après une particularité. Les biens acquis en remploi étaient d'une valeur supérieure à ceux aliénés, et l'expertise le dit. Que devenait le surplus de valeur des nouveaux biens, en cas de retour au domaine national? On est fondé à supposer que, en cas de retour, il ne devait être fait aucune réserve et que la totalité du nouveau domaine devait rentrer à l'Etat. Le titulaire du majorat l'avait ainsi voulu et il devait se rendre compte des conséquences de son opération.

A la date du 8 novembre 1842, il fut procédé à l'expertise détaillée des biens offerts et devant constituer le nouveau majorat. Cette expertise fut faite par l'ancien maire de la localité, un propriétaire local et un géomètre, tous habitant la commune où étaient situés les biens. Ces experts avaient été choisis par le titulaire, par le Préfet du département, représentant l'Etat, et le Président du Tribunal civil de l'arrondissement.

Les experts prêtèrent serment aux mains du Président du Tribunal civil et se transportèrent sur les lieux. Ils établirent la désignation détaillée, article par article, des biens, en firent l'estimation en capital et en revenu, de façon à prouver que le propriétaire ne subissait aucune réduction de revenu. Leur expertise se termine par diverses considérations relatives à une augmentation ultérieure de ce revenu. Ce procès-verbal concernant des biens de l'Etat était exempt d'enregistrement. Il devait être annexé à l'ordonnance royale dont il sera question plus loin.

Le 16 janvier 1843, le comte D... se présente devant le notaire de la localité et dut établir par acte notarié un nouvel état détaillé du domaine, formalité qui lui était demandée. Ce qu'il avait déjà fait les 9 mai et 13 juin précédents (1842).

Enfin le 23 février 1843, une ordonnance royale accepte le remploi, et il y a lieu d'en donner le texte pour donner une idée de ces opérations multiples :

ORDONNANCE ROYALE

« Au Palais des Tuileries, le 28 février 1843.

» Louis-Philippe, Roi des Français.

» Vu les décrets du 1er janvier 1812 et 8 janvier 1813, qui ont accordé à Monsieur le comte D... une dotation affectée sur des immeubles situés dans le département du Nord d'un revenu de 12.121 francs; vu l'ordonnance du 27 mai 1827 qui, sur la demande du titulaire, a autorisé la vente de ces immeubles à charge de remploi du prix en rentes immobilières sur l'Etat : laquelle vente a eu lieu les 28 octobre et 29 novembre 1841, moyennant le prix de 385.200 francs dont une partie a déjà été recouvrée et employée en acquisition de rentes; vu la demande faite par Monsieur le comte D... de substituer au mode de remploi, un remploi en immeubles et l'offre d'affecter à ce remploi les métairies dites de ..... et le bois de ....., dépendant de la terre de M..., dont le titulaire est propriétaire dans l'arrondissement de J..., département de la Ch...; vu le procès-verbal d'estimation desdits immeubles fait par trois experts contradictoirement nommés, confor-

mément au décret du 12 juillet 1812, constatant que les
immeubles offerts en garantie sont d'un revenu net de
12.250 francs et d'une valeur vénale de 394.667 francs 75 centimes; vu l'état détaillé contenant la désignation de chaque
parcelle ou pièces composant les immeubles offerts en
remploi; vu les avis émis par les directeurs généraux des
administrations des domaines et des forêts; — Considérant
que les immeubles offerts par Monsieur le comte D. . sont
d'une valeur supérieure à ceux qu'il avait reçus en dotation dans le département du Nord; sur le rapport de notre
ministère-secrétaire d'État au département des Finances,
nous avons ordonné et ordonnons ce qui suit :

ARTICLE PREMIER

» Les métairies dites du Château M... et le bois de J...
dépendant de la terre de M... et offerts par Monsieur le
comte D..., en remploi du prix de vente des biens composant le majorat qu'il possédait dans le département du
Nord, sont acceptés.

» Le procès-verbal d'estimation des experts du 10 novembre 1842, contenant la désignation, la contenance et
les abornements des biens donnés en remploi, demeurera
annexé à la présente ordonnance ainsi que l'état détaillé
contenant la désignation de chacune des parcelles qui composent ces immeubles.

ARTICLE DEUX

» Les rentes acquises avec la portion recouvrée du prix
de vente des biens situés dans le département du Nord sont
dégrévées de la clause d'immobilisation dont elles avaient
été frappées. Elles seront remises à Monsieur le comte D...
pour en disposer comme de choses lui appartenant, ainsi
que le prix restant à recouvrer de la vente des mêmes

biens, lequel recouvrement demeure à ses risques et périls.

» Cette remise n'aura lieu toutefois qu'après l'accomplissement de toutes les formalités nécessaires pour rendre les biens offerts en remploi francs, quittes et libres de toutes inscriptions et hypothèques, ce dont il sera justifié à notre ministère des Finances.

ARTICLE TROIS

» Lorsque toutes les justifications auront été faites, Monsieur le comte D... sera investi des biens donnés en remploi conformément aux statuts.

ARTICLE QUATRE

» Tous les frais, droits et dépens généralement quelconques auxquels l'expertise et la conclusion du présent remploi ont donné et pourront donner lieu, seront inclusivement à la charge du donataire.

ARTICLE CINQ

» Nos Ministres, Secrétaires d'État des Finances et de la Justice, sont chargés chacun en ce qui le concerne, de l'exécution de la présente ordonnance.

» Fait au palais des Tuileries, le 28 février 1843.

» LOUIS-PHILIPPE.

» Par le Roi,

» *Le Ministre-Secrétaire d'Etat aux Finances,*

» LAPLAGNE. »

Une question juridique se posait à ce moment de la procédure du remploi. Les biens donnés en remploi dépendaient de la communauté conjugale, soit légale, soit d'acquets, existant entre le majorataire et sa femme. Le majorataire disposait à son profit d'un immeuble qui par l'effet ultérieur de l'acceptation de la communauté par sa femme pouvait ne lui appartenir que pour partie. Il devait donc devoir à la masse de communauté, lors de sa dissolution, une récompense.

Mais cette récompense se trouvait balancée et annihilée par la reprise sur la masse commune, par le dotataire ou ses ayants-droit, d'une somme égale à la valeur des biens précédemment majoratisés et vendus.

Une autre hypothèse se présente à l'esprit : les immeubles offerts en remploi sont propres au titulaire du majorat. Il peut donc en disposer, sauf toutefois l'effet de l'exercice des reprises matrimoniales et autres droits de sa femme, tous conservés par son hypothèque légale sur les biens ainsi offerts.

Dans l'espèce qui nous occupe, on semble n'avoir pas remédié à ce danger par un engagement de la femme du titulaire, si du moins la femme mariée peut, pendant le mariage, prendre un engagement qui crée un propre à son mari et se désister purement et simplement au profit de ce dernier, sans contre-partie, de son hypothèque légale.

Dans un acte notarié du 20 mars 1843, soumis à la transcription hypothécaire, acte intitulé « Déclaration hypothécaire », M. le comte D.... déclare qu'il n'avait jamais été tuteur, ni curateur, ni comptable de deniers publics, et que, par conséquent, les biens offerts n'étaient grevés d'aucune autre hypothèque légale que celle existant au profit de la comtesse D...., son épouse, née ......

Il n'apparaît pas que pour purger les immeubles des hypothèques occultes qui pouvaient les grever, il ait été prescrit au dotataire de remplir les formalités imposées par les articles 2193 et suivants du Code civil. Ces hypothèques occultes pouvaient donc subsister si un dotataire s'était trompé en déclarant ses biens libres de ces charges.

A l'ordonnance royale acceptant le remploi, demeurèrent annexées les expéditions authentiques de l'acte de déclaration et le procès-verbal d'expertise.

Une ampliation de l'ordonnance rapportant littéralement ses annexes, fut déposée à un notaire de Paris, qui délivra expédition de ce dépôt et des annexes (ordonnances, désignation des biens, expertise).

Et enfin cette expédition ainsi complète fut soumise à la transcription hypothécaire dans le bureau de l'arrondissement de la situation des biens.

On pourrait supposer que là s'arrêtaient les opérations de remploi, il n'en est rien. La prévoyance impériale avait créé d'autres formalités et le majorataire devait être investi des biens.

A la date du 15 janvier 1844 fut rendu le décret d'investiture qui, lui aussi, fut soumis à la transcription hypothécaire le 29 du même mois.

Ce décret reflète trop les préoccupations de Napoléon Ier et de toute une époque disparue, pour qu'il n'en soit pas rapporté le texte.

Ce texte est le suivant :

« L'an 1844 et le quinzième jour du mois de janvier,

» Son Excellence, le Garde des Sceaux, Ministre et Secrétaire d'Etat au Département de la Justice et des Cultes, a présidé, à l'hôtel de la Chancellerie, le Conseil d'administration établi dans son Ministère et remplaçant, aux termes de l'ordonnance royale du 31 octobre, l'ancienne Commission du Sceau; Son Excellence a fait donner lecture de la requête présentée par M. le Référendaire L... au nom de M. le comte D..., né le

21 mai 1751, à ....., département de ....., ancien conseiller d'Etat, ancien directeur général de l'Enregistrement et des Domaines, aujourd'hui pair de France, grand-croix de l'ordre royal de la Légion d'honneur, ladite requête tendant a ce qu'il plut au Ministre ordonner la délivrance des lettres d'investiture des biens fonds, situés dans le département de la C....., du revenu net de 12.250 francs, devant remplacer ceux situés dans le département du Nord, du revenu brut de 12.121 francs, faisant partie de la dotation qui avait été constituée sous l'Empire par brevet d'investiture du 25 février 1813, où lesdits biens fonds sont plus au long désignés, pour être attachés avec d'autres dotations en pays étrangers et détruites plus tard, lors des événements de 1814, et procurer l'hérédité au titre de comte, dont le donataire avait été pourvu comme conseiller d'Etat à vie, par lettres-patentes du mois de mai 1808, scellées le 6 juin suivant; de l'ordre de son Excellence, lecture a été donnée ensuite de l'ordonnance royale rendue le 28 février 1843, sur le rapport de M. le Ministre et Secrétaire d'Etat au Département des Finances : de laquelle ordonnance il résulte qu'en vertu d'une ordonnance antérieure portant la date du 27 mai 1827, la vente des biens situés dans le département du Nord avait été autorisée sous la condition du remploi du prix total en rentes sur l'Etat dûment immobilisées; que cette vente ayant été opérée au prix de 385.200 francs, une partie de ce prix avait reçu déjà l'emploi déterminé, lorsque M. le comte D... ayant demandé à substituer à ce mode un remploi en immeubles, consistant en les métairies dites le Château ....., et dans la pièce dite le bois de J..., le tout dépendant de la terre de M..., dont il est propriétaire dans l'arrondissement de J..., département de la Ch..., est intervenu après procès-verbal d'estimation dressé par

des agents contradictoirement nommés, constatant que
les biens proposés présentaient une valeur capitale de
394.667 fr. 75 et un revenu de 12.250 francs. L'ordonnance
royale sus-énoncée du 28 février 1843, laquelle a accepté
comme remploi de dotation les biens offerts en dégrévant
les rentes déjà acquises en remploi de la clause d'immobilisation et en déclarant libres dans les mains de M. le
comte D.... tant lesdites rentes que la portion du prix de
la rente restant à recouvrer après toutefois l'accomplissement des formalités nécessaires pour rendre les
biens agréés francs de toutes hypothèques ; de tout quoi,
il a été justifié à M. le Ministre des Finances qui a reconnu
bonnes et régulières ces justifications et toutes autres,
ainsi qu'il en avait seul droit. Ces diverses lectures faites,
Son Excellence, le Garde des Sceaux, après avoir entendu
les conclusions du Conseiller d'Etat, faisant fonctions
de Commissaire du Roi au Sceau, et pris l'avis des
membres du Conseil, a déclaré : 1º Que les immeubles
situés dans le département du Nord, vendus au prix prin-
cipal de 385.200 francs et produisant un revenu brut de
12.181 francs, tels qu'ils sont énoncés au brevet d'investiture du 25 février 1813, sont et demeurent remplacés par
les immeubles ci-après faisant partie de la terre de M....,
appartenant à M. le comte D..., dans l'arrondissement
de J..., département de la C..., évalués en capital à
394.667 fr. 75 et en revenu net à 12.250, lesquels com-
prennent en totalité 269 hectares 89 ares, consistant dans
les objets suivants :

1º Métairie nommée le Château, composée de bâtiments
d'exploitation, et de diverses pièces de terre labourables
et prés confrontant, du levant à plusieurs particuliers,
fossé entre deux mitoyen ; du couchant à une métairie
nommée M...., appartenant à M. le comte D... fossé entre

deux, aussi mitoyen; du nord et du midi à des chemins qui,
du bourg de Saint-B..... mènent aux portes de Saint-
B....., contenant, en 24 parcelles, 49 hectares 35 ares et
produisant un revenu net de 3.100 francs, etc.;

2° Que ces nouveaux biens ayant acquis le caractère
de dotation sont soumis tant pour le requérant que
pour ses successeurs aux mêmes charges, clauses et
conditions que celles qui étaient imposées aux immeubles
qu'ils sont admis à remplacer, et qu'ils feront comme
l'eussent fait ceux-ci, retour au domaine de l'Etat
dans les cas prévus par les statuts et décret à ce
relatifs;

3° Enfin que lesdits biens du revenu net de 12.250 francs
se trouvent affectés concurremment avec les 4 actions
sur le canal du Midi numérotées 437 à 440. ensemble
2.000 francs de revenu, dont M le comte D... a été investi
par brevet du 24 août 1810, lesquels immeubles et actions
composent les seules dotations subsistantes aujourd'hui au
titre de comte dont le requérant est en possession, ainsi
qu'il a été dit, pour le tout être transmis inséparablement
dans sa descendance directe, masculine et légitime. Son
Excellence a, en conséquence, ordonné que les présentes,
sur parchemin. signées d'Elle et du Maître des requêtes,
directeur des affaires civiles et du sceau, seront délivrées
à M. le comte D... comme lettres d'investiture des
immeubles admis en échange de ceux qui lui avaient été
accordées dans le département du Nord, et dont la libre
et entière disponibilité lui appartient aujourd'hui, lesquelles
lettres seront transcrites littéralement au bureau de la
conservation du bureau des hypothèques de J......, dans
le ressort duquel bureau les nouveaux biens sont situés,
de laquelle transcription hypothécaire il sera justifié selon
que de droit.

Fait à l'hôtel de la Chancellerie à Paris, les jour, mois et an susdits.

Et ont signé :

Le garde des Sceaux, ministre et secrétaire d'Etat
au département de la justice et des cultes,
(Signé) : MARTIN DU NORD.

Le Maître des requêtes,
directeur des affaires civiles et du sceau,
(Signé) : GARNIER-BOURGNEUF.

Et la transcription est suivie d'une mention redoutable que le conservateur est obligé d'office de faire, en vertu du décret du 22 décembre 1812, mention qui devra faire reculer les tiers qui traiteraient avec les majorataires, et les juges qui statueraient sur les biens des majorats, les avertir des conséquences graves auxquelles ils s'exposent. Elle est ainsi libellée :

« Tout acte de vente, donation ou autre aliénation de ces biens par le titulaire ; tout acte qui les frapperait de privilège ou d'hypothèque, tout jugement qui validerait ces actes, hors les cas ci-après exprimés (l'autorisation de l'Empereur), sont nuls de plein droit ... Article 43. — Défendons aux notaires de recevoir les actes énoncés à l'article 41, aux préposés de l'enregistrement de les enregistrer, aux juges d'en prononcer la validité. »

Tout était enfin terminé ; l'opération avait duré de 1827 à Janvier 1844.

La loi de brumaire avait créé un mode de publicité du transfert de la propriété et de la création des droits réels sur les immeubles. Les tiers ainsi étaient avertis quand ils devaient traiter soit avec l'ancien propriétaire, soit avec le nouveau, soit encore avec ceux qui par la création de droits sur leurs biens s'étaient dépouillés en partie.

Le Code de 1804 n'avait pas, par un pur oubli, reproduit ces dispositions si utiles, et il avait fallu attendre jusqu'à 1855 pour qu'elles fussent reproduites. Il n'existait dans le Code que quelques allusions à la nécessité de rendre publique les transmissions pour ·qu'elles aient effet à l'égard d'autres que les contractants, mais c'était à l'occasion de procédures spéciales et la transcription n'était nécessaire que comme première opération d'une purge d'hypothèques inscrites, ou pour arriver à la prescription du droit réel hypothécaire.

Les biens majoratisés n'étaient pas librement transmissibles. Ils n'étaient pas susceptibles d'hypothèque : et là se rencontrait une situation dangereuse pour les tiers. Le majorataire pouvait faire illusion quant à sa propriété, cacher les restrictions qui frappent son majorat, puis ensuite invoquer ces restrictions et faire tomber toutes les conventions qu'un tiers avait pu arrêter de bonne foi avec lui. Nous savons que la vente d'un majorat, son affectation hypothécaire, sont frappés de nullité absolue et non pas d'une simple nullité relative, que des actes postérieurs pourraient faire disparaître.

Dès 1812, la prévoyance de Napoléon Ier remédie à ces dangers, et oblige, près d'un demi-siècle avant 1855, à la transcription des constitutions de majorats de propre mouvement et des majorats volontaires situés en France.

Le décret impérial du 22 décembre 1812 stipule que les lettres d'investiture des dotations comprenant des biens immobiliers situés dans l'intérieur de l'Empire seront transcrites au bureau de la conservation des hypothèques de l'arrondissement dans lequel les biens seront situés.

Il en devait être de même, et cela se comprend, des actes

d'acquisition ou d'échange autorisés par l'Empereur en remplacement des biens affectés à la dotation, que les biens ainsi échangés représentent des biens sis en France, ou qu'ils soient la représentation de biens situés à l'étranger.

Il est dit au décret que le conservateur ouvrira dans son bureau un registre particulier pour ces transcriptions.

Le tout devait se faire à la diligence et aux frais des donataires et d'ailleurs les frais de ces transcriptions étaient minimes. Ils ne comportaient aucun droit fiscal, mais simplement un salaire pour le conservateur. L'Empereur, statuant sur les plus petites choses, établit que chaque extrait de ces transcriptions qui serait délivré au titulaire du majorat ne coûterait que la somme réduite d'un franc.

Et pour que de toutes façons les tiers fussent avertis, et pensant que les énonciations de l'acte d'échange lui-même seraient insuffisantes pour ce résultat, le décret exige qu'à la suite de la transcription, le préposé aux hypothèques fera lui-même d'office mention des articles 41 et 43 du deuxième statut du 1er mars 1808 sur les majorats, applicables aux dotations, aux termes de l'article premier du décret du 3 mars 1810, paragraphe 2, lesquels déclarent *nuls de plein droit*, tout acte d'aliénation, tout acte d'affectation hypothécaire des biens composant les dotations, tout jugement qui en ordonnerait l'exécution.

On remarque ici une disposition contraire à la loi du 22 frimaire an VII, de laquelle il résulte que le préposé d'enregistrement n'étant pas juge de la validité des actes qui lui sont soumis doit néanmoins les enregistrer et percevoir le droit comme si ces actes avaient quelque valeur.

Mais les majorats, nous l'avons vu, contrairement aux substitutions antérieures à 1789, comprenaient autre chose que des immeubles. Ce pouvait être des créances hypothé-

caires ou privilégiées, ou des rentes ou redevances annuelles
payables en argent, en nature de grains, denrées, bestiaux.
Dans ce cas l'Empereur exige que pour la conservation de
de ces rentes et redevances, inscription au bureau des
hypothèques sur les biens des assujettis sera prise et renouvelée au bout du délai fixé par le Code civil en l'article 2154.

Les donataires pouvaient négliger d'opérer ces renouvellements et le majorat pouvait être compromis. Napoléon
décide, contrairement à ce qui existe pour les créances
hypothécaires ordinaires, que ces renouvellements seront
faits d'office par les conservateurs, un mois avant l'époque
de la péremption. Les donataires devront néanmoins sup-
porter les frais minimes du renouvellement qui ne compor-
tait aucun droit fiscal.

Les conservateurs des hypothèques astreints d'opérer
cette formalité, responsables de son défaut, devaient justifier dans le mois de la formalité qu'ils avaient satisfait à
cette prescription. Cette justification était faite à l'intendant
général du domaine extraordinaire, par la production
d'un extrait de l'inscription renouvelée.

CHAPITRE XIII

PARTICULARITÉS DE QUELQUES MAJORATS

Quelques remarques sur la constitution de certains majorats s'imposent : ainsi celui du duc de Valmy (Kellermann) comprenait notamment les célèbres vignobles du Rhin : le Johannisberg, provenant des princes de Metternich, à qui ils ont fait depuis retour.

Le majorat du maréchal Bessières, duc d'Istrie, avait été composé d'abord de biens situés à l'étranger. La duchesse d'Istrie, sa femme, était en outre propriétaire, à titre de biens libres, du domaine de Grignon, où l'Etat a depuis établi une école nationale d'agriculture. Ce domaine lui provenait de son père, M. Auguié. Lorsque le maréchal mourut en 1813 sa situation était obérée. L'Empereur fit acheter Grignon par le domaine extraordinaire au prix d'un million de francs, puis il le donna ensuite, à titre de majorat, au fils de Bessières, avec une rente de 100.000 francs pour remplacer le duché d'Istrie.

La maréchale aliéna ce domaine en 1826, au nom de son fils, et ce au profit du domaine national. Cette aliénation eut lieu à charge d'un remploi en biens soumis aux obligations des majorats.

Le majorat volontaire de Maurice-Gabriel-François Riquet de Caraman, baron de l'Empire (issu de l'illustre famille de Caraman) et qui était de la somme de 17.324 francs de revenus, était établi sur deux savonneries sises à Marseille (décret du 15 juillet 1813).

Le baron Dal Pozzo, maître des requêtes au conseil d'Etat, premier président de la Cour d'appel de Gênes, fut investi du titre de baron de l'Empire, avec érection d'un majorat composé d'une maison de rapport, sise à Turin, rue du Lycée, n° 3 (lettres-patentes du 21 août 1809).

CHAPITRE XIV

ABOLITION DES MAJORATS VOLONTAIRES
(Lois du 12 mai 1835 et du 11 mai 1849)

La faculté d'instituer des majorats composés de biens personnels, quand le demandeur était dans l'un des cas prévus pour obtenir un titre nobiliaire et un majorat dura jusqu'en 1835, elle survécut à l'Empire, elle fonctionna pendant toute la Restauration et une partie de la Royauté de juillet.

Dans l'intervalle des deux éditions du Code civil, de 1804 à 1807, cette faculté avait été consacrée par l'article 896 qui fut alors ainsi conçu :

» Les substitutions sont prohibées.

» Néanmoins, les biens libres formant la dotation d'un titre héréditaire que l'Empereur aurait érigé en faveur d'un prince ou d'un chef de famille, pourront être transmis héréditairement, ainsi qu'il est réglé dans l'acte du 30 mars 1806 et par celui du 14 août suivant. »

Cette disposition était vraiment en opposition avec les idées nouvelles : idées d'égalité politique et d'égalité dans les familles. Puisque le père a imposé à ses enfants l'existence, il leur doit une affection égale et le partage égal de son patrimoine.

Néanmoins, en 1835, des familles s'étaient formées et les

mariages avaient été conclus eu égard aux majorats existants. Les droits éventuels des appelés étaient, il est vrai, bien minimes, mais la déception eût été trop grande, si les majorats existants avaient été supprimés purement et simplement. Des pères, titulaires de majorats, voyaient souvent leur fils, souvent leur petit-fils et peut-être leur arrière-petit-fils, qui devaient tour à tour recueillir le majorat.

La loi de 1835 abolit d'abord toute constitution ultérieure de majorats volontaires.

A l'égard de ceux existants, la dévolution en fut restreinte à deux générations, l'institution non comprise.

Le fondateur d'un majorat avait le droit de révoquer sa constitution en tout ou en partie et d'en modifier les conditions. Comme toute disposition à cause de mort, révocable par essence, ou comme toute substitution perpétuelle, révocable tant qu'elle n'est pas ouverte (sauf celle qui est contractuelle), le disposant pouvait revenir sur ses intentions.

Néanmoins le fondateur ne pouvait faire cette révocation s'il existait un appelé (qui lui-même devait être marié, ou avoir des enfants). On considérait cet appelé ou sa descendance actuelle ou future comme ayant, non pas des droits, mais un espoir. On leur faisait, a-t-on dit, une faveur. mais une faveur équitable.

La loi de 1835 n'atteignait en rien les dotations ou majorats de propre mouvement. Les droits de retour à l'Etat subsistaient et paraissaient une garantie suffisante de leur extinction. La Chambre des députés, le 22 février 1834, avait déjà refusé de voter une proposition tendant à avancer le retour au domaine.

Rien dans la loi de 1835 n'a trait aux titres de noblesse. Les majorats abolis par cette loi cessent donc d'être une condition *sine qua non* des titres de l'Empire. Ces titres subsistent sans que les titulaires aient à justifier de leurs ressources. Au surplus, déjà, dès la Restauration, la Charte en retablissant les anciens titres et en maintenant expressément ceux de l'Empire, n'imposait aucune condition de fortune au porteur de ces titres, dont beaucoup avaient été dépossédés de leurs dotations par les événements.

La Révolution de 1848 devait faire davantage contre les majorats volontaires. Elle commença par abolir les titres de noblesse, que l'Empire rétablit d'ailleurs après 1852. Puis, par la loi du 11 mai 1849, il fut décidé que la transmission des majorats sur demande au premier et au deuxième dégré n'aurait lieu qu'en faveur des appelés déjà nés ou conçus lors de la promulgation de la loi. S'il n'existe pas d'appelés à cette époque, ou si ceux qui existent décèdent avant de recueillir le majorat, les biens deviennent immédiatement libres entre les mains du possesseur.

La loi de 1849 respecte toujours les dotations impériales qui ne doivent disparaître qu'en 1905.

CHAPITRE XV

ABOLITION DES MAJORATS DE PROPRE MOUVEMENT
(Loi de Finances de 1905)

Au cours des discussions qui précédèrent l'établissement des budgets de 1903 et de 1904, des projets de résolution furent déposés invitant le Ministre des Finances à racheter les majorats, c'est-à-dire à reprendre aux descendants des premiers titulaires, titulaires actuels eux-mêmes, les biens majoratisés.

Cette proposition était relativement équitable : elle impliquait l'idée d'une indemnité.

Mais au cours de ces débats, les erreurs se renouvellent dans la bouche des orateurs.

On dit à ce moment que les revenus des majorats sont une charge du budget (Chabert). Ce mot charge du budget à côté de ceux d'abus, d'anachronisme, se répète à chaque moment.

Trois systèmes étaient en présence et qui devaient donner satisfaction à l'opinion publique en supprimant les majorats *proprio motu*.

Le premier système faisait table rase des droits de l'Etat par la suppression de l'éventualité du retour, — ou spoliait purement et simplement les familles, par la mainmise de l'Etat sur les biens majoratisés.

Le deuxième système créait des pensions en faveur des titulaires de rentes immobilisées. Mais dans cette combinaison, proposée par un Conseiller à la Cour de cassation, et qu'il faisait découler à tort de la constitution même des majorats, on laissait de côté les immeubles.

Cette deuxième combinaison, malgré sa rigueur et son injustice, contenait cependant en germe l'idée équitable d'un dédommagement. C'était l'acheminement au troisième système.

Le troisième système était celui qui fut adopté : c'était celui d'une transaction avec les majorataires. Ce système avait déjà été suggéré en 1835 par Parant et Salverte, quand les débats sur les majorats volontaires avaient commencé, mais dès le début de ces débats de 1835, on avait décidé qu'il ne serait pas touché aux majorats de propre mouvement. Trop de titulaires de majorats impériaux, tels que le duc de Bassano, le comte Siméon, le maréchal Soult, duc de Dalmatie, étaient à la tête des affaires publiques pour qu'à ce moment cette réforme put aboutir.

A la date du 14 octobre 1904, le Ministre des Finances traita avec les descendants des majorataires.

L'actif des majorataires s'élevait alors à 1 million 50.000 francs de revenu annuel. Il leur fut alloué un capital représentatif de quinze fois le revenu, soit 15 millions de francs.

Contre cette somme, l'Etat rentrait en possession, par une sorte de retour prématuré, des biens qui avaient été donnés.

Mais il eût été injuste que l'opération se réduisit à ce payement. Certains majorataires avaient apporté à leurs biens des améliorations notables; ils y avaient fait des constructions; leurs familles depuis cent ans avaient occupé ces biens, à titre de propriétaires. On offrait donc aux majorataires la faculté de conserver les biens provenant des majorats, à la seule charge de rembourser à l'Etat la différence entre la valeur des biens et l'indemnité qui leur était allouée.

Ainsi fut réalisé le seul moyen possible et juste de faire disparaître les majorats, moyen déjà préconisé en 1835 par Parant, avocat général à la Cour de Cassation, député de la Moselle.

Je passe sous silence un quatrième système, celui de M. de Salverte, proposé dans la séance du 19 février 1834 à la Chambre des députés, puis dans celle du 22 du même mois. M. de Salverte suggérait de mettre en vente, par adjudication publique, aux enchères, en la forme des ventes des biens domaniaux, les droits de retour éventuels de l'Etat, sur une mise à prix fixée au cinquième de l'immeuble, et ce de façon à permettre au titulaire, en rachetant ce cinquième, d'affranchir son bien du droit de retour et de le comprendre définitivement dans son patrimoine.

Les objections n'ont pas manqué contre cette proposition et la plus grave était celle résultant de ce que l'adjudicataire pouvait ne pas être le majorataire.

Les majorats de toute nature étant ainsi abolis, les titres nobiliaires qui y étaient attachés se trouvent-ils disparaître de *plano* ?

Nous ne devons pas le penser.

Bien des titres conférés par l'Empereur, l'avaient été accompagnés de majorats placés à l'étranger. Lors des événements de 1814 ces majorats disparurent ou furent considérablement réduits. Les titres n'en subsistèrent pas moins.

Les discussions préliminaires de la loi de 1835 sont

encore une preuve que les titres sont demeurés indépendants des majorats. En effet, si l'amendement du comte Jaubert, qui voulait que cela fût précisé, ne fut pas inséré dans la loi, c'est qu'il fut jugé que cela était surabondant.

Les titres d'ailleurs avaient été reconnus, sans condition de majorat, par les Chartes de 1814 et de 1830, comme il est dit ci-dessus.

L'amendement était inutile, dit-on en 1835, attendu que « ... la loi qui interdisait les majorats dispensait par cela même les personnes titrées de l'accomplissement de la condition qui leur avait été imposée pour perpétuer leurs titres dans leurs familles ... » (Parant).

CONCLUSION

Le pouvoir qui avait créé les titres nobiliaires avait en même temps voulu les protéger contre toute usurpation. De cette idée était venu l'ancien article 259 du Code pénal, qui prononçait l'amende et même l'emprisonnement contre toute personne convaincue de s'être attribué des titres impériaux qui ne lui avaient pas été légalement conférés.

La Charte de 1814 se borne à dire d'une façon très laconique : « L'ancienne noblesse reprend ses titres, la nouvelle conserve les siens ... », mais aucune organisation ne fut créée pour surveiller la reprise des titres anciens, dont un grand nombre était contestable.

Le décret du 2 mars 1848 abolit la noblesse, tant celle impériale que celle qui remontait à une époque antérieure à l'Empire.

Un autre décret du 27 janvier 1852 rapporta le décret précédent et rétablit en fait la noblesse. Nous vivons sous l'empire du décret de 1852.

L'article 259 du Code pénal ne devait pas durer indéfiniment. Dans la session parlementaire de 1831, lors des modifications apportées à la législation pénale, cet article fut modifié à la suite d'un amendement improvisé au cours des débats devant la Chambre des députés.

Cet amendement fit disparaître les pénalités contre les usurpations de titres.

On peut donc affirmer, sans risquer d'être contredit, que tout le monde peut, sans s'exposer à des poursuites, s'octroyer un titre nobiliaire. L'usurpateur ne rencontrera aucun contradicteur. Et l'on connait les nombreux moyens employés ingénieusement par des pères prévoyants pour créer à leur descendance une apparence de noblesse.

Le garde des sceaux Dufaure essaya de réagir contre ces usurpations. C'était à une époque où les idées monarchiques étaient en faveur et l'on essaya ainsi de rendre aux porteurs de titres un aspect d'authenticité.

La circulaire du ministre est du 8 juillet 1874. Elle renouvelait les prescriptions du ministre de la Justice, contenues en sa circulaire du 19 juin 1858.

Ces circulaires s'appliquent surtout à ceux qui prétendent à des titres antérieurs à 1789, car pour ceux créés par l'Empire, ils sont faciles à vérifier.

En terminant cette étude, on ne peut s'empêcher de penser avec mélancolie dans quel discrédit sont tombés dans notre Etat démocratique les titres nobiliaires.

Le torrent des idées nouvelles, l'extension des lumières, toutes ces idées qui de la France se répandent universellement, tout a contribué à emporter ces institutions de la vanité, que le philosophe considère avec un sourire.

Nos titres proviennent-ils de l'ancienne noblesse : rien n'en atteste l'authenticité et au surplus ils ne prouvent que la détention, à un titre quelconque, antérieurement à la Révolution, d'un bien ou d'un fief.

Proviennent-ils de la noblesse impériale, ils sont, il est vrai, faciles à vérifier, mais rien ne les protège et on les confond avec ceux de l'ancienne.

On l'a dit spirituellement : nos titres nobiliaires français ne servent plus qu'à obtenir une plus grande déférence et un meilleur service de la domesticité. Ils servent aussi à faire illusion dans les pays étrangers.

FIN

Vu : *le Président,*

Ch. LEFEBVRE.

Vu : *le Doyen,*

Ch. GOULIEZ.

Vu et permis d'imprimer :

Le Vice-Recteur de l'Académie de Paris,

L. LIARD.

TABLE